Gestão de custos:
perspectivas e funcionalidades

June Alisson Westarb Cruz

2ª EDIÇÃO

Rua Clara Vendramin, 58 . Mossunguê
CEP 81200-170 . Curitiba . PR . Brasil
Fone: (41) 2106-4170
www.intersaberes.com
editora@intersaberes.com

Conselho editorial
  Dr. Alexandre Coutinho Pagliarini
  Drª Elena Godoy
  Dr. Neri dos Santos
  Mª Maria Lucia Prado Sabatella

Editora-chefe
  Lindsay Azambuja
Gerente editorial
  Ariadne Nunes Wenger
Assistente editorial
  Daniela Viroli Pereira Pinto

Edição de texto
  Monique Francis Fagundes Gonçalves
Capa e diagramação
  Ana Lucia Cintra (*design*)
  Doucefleur e mojo cp/Shutterstock (imagens)
Projeto gráfico
  Bruno Palma e Silva
Designer responsável
  Ana Lucia Cintra
Iconografia
  Regina Claudia Cruz Prestes

Dados Internacionais de Catalogação na Publicação (CIP)
(Câmara Brasileira do Livro, SP, Brasil)

Cruz, June Alisson Westarb
  Gestão de custos: perspectivas e funcionalidades / June Alisson Westarb Cruz. -- 2. ed. -- Curitiba, PR : InterSaberes, 2025. -- (Série gestão financeira)
  Bibliografia.
  ISBN 978-85-227-1638-8
  1. Administração financeira 2. Custos - Administração 3. Custos - Contabilidade 4. Custos - Planejamento I. Título. II. Série.
  24-233242   CDD-657.42

Índices para catálogo sistemático:
1. Custos : Contabilidade 657.42
  Cibele Maria Dias - Bibliotecária - CRB-8/9427

2ª edição, 2025.

Foi feito o depósito legal.

Informamos que é de inteira responsabilidade do autor a emissão de conceitos.
Nenhuma parte desta publicação poderá ser reproduzida por qualquer meio ou forma sem a prévia autorização da Editora InterSaberes.
A violação dos direitos autorais é crime estabelecido na Lei nº 9.610/1998 e punido pelo art. 184 do Código Penal.

sumário

1
História da contabilidade, 15

Apresentação, 9
Como aproveitar ao máximo este livro, 11

Síntese, 19
Questões para revisão, 20

2
Estratégias empresariais e gestão de custos, 21

2.1 Abordagem conceitual de estratégia, 23
2.2 Abordagem conceitual de custos, 25
Síntese, 28
Questões para revisão, 28

3
Tipos de gastos, 31

3.1 Custos, 33
Síntese, 46
Questões para revisão, 46

4
Métodos de custeio, 47

4.1 Contexto geral dos métodos de custeio, 49
Síntese, 53
Questões para revisão, 53

5
Custeio por absorção, 55

5.1 Contexto geral do método por absorção, 56
Síntese, 93
Questões para revisão, 94

6
Custeio por atividade, 95

6.1 Contexto geral do método por atividade, 97
6.2 Etapas do custeio por atividade, 100
6.3 Apresentação integrada do processo por atividade, 111

Síntese, 114

Questões para revisão, 115

7
Custeio direto, 117

7.1 Contexto geral do método direto, 119
7.2 Etapas do custeio direto, 122
7.3 Apresentação integrada do método direto, 132

Síntese, 134

Questões para revisão, 135

8
Abordagem comparativa dos métodos de custeio, 137

Síntese, 143

Questões para revisão, 144

Considerações finais, 145

Referências, 147

Respostas, 151

Sobre o autor, 159

apresentação

O entendimento de métodos, teorias e técnicas de gestão de custos vem se tornando um diferencial competitivo nas empresas, que, por meio da sua relação de controle e gestão, disponibiliza uma rica e importante base de informações para o estabelecimento de estratégias e planos.

Nesse sentido, o presente livro se apresenta como uma alternativa objetiva e prática de descrever passo a passo a implantação, o cálculo e a análise de cada um dos principais métodos de custeio utilizados no mercado (absorção, por atividade e direto), distribuídos em oito capítulos, cujo contexto geral descrevemos na sequência.

Por meio de uma relação histórica inicial, o primeiro capítulo tem o objetivo de apresentar a origem histórica dos meios de controles contábeis no contexto internacional e brasileiro.

Já no segundo capítulo, enfocamos algumas das principais perspectivas de estratégia, alinhadas ao contexto geral de custos, trazendo à pauta uma das mais modernas percepções de controle, que fazem com que os objetivos organizacionais interajam, com suas estratégias e formas de controle.

Após o pleno entendimento do contexto estratégico da mensuração de custos, apresentamos no terceiro capítulo o contexto geral da tipologia de gastos, que demonstra de forma pormenorizada as principais complexidades da separação dos tipos de gastos em custos, despesas e investimentos.

Embora a tipologia de gastos seja considerada um fator secundário na maioria das obras de custos, este livro dá uma atenção especial aos cuidados necessários ao se fazer esse tipo de classificação, em razão da real complexidade desses eventos nas empresas e seus impactos em casos de erro.

Por isso, o quarto capítulo apresenta um exame introdutório do conceito de cada um dos principais métodos de custeio, a saber: método de custeio por absorção, por atividade (ABC) e método direto.

No quinto, sexto e sétimo capítulos, analisamos o contexto específico e operacional de cada um dos métodos de custeio (por absorção, por atividade e direto), destacando suas principais características, etapas de operacionalização e integração no contexto empresarial.

Por fim, as abordagens comparativas desses métodos são apresentadas no oitavo capítulo, bem como suas principais evidências, funcionalidades e contribuições.

como aproveitar ao máximo este livro

este livro traz alguns recursos que visam enriquecer o seu aprendizado, facilitar a compreensão dos conteúdos e tornar a leitura mais dinâmica. São ferramentas projetadas de acordo com a natureza dos temas que vamos examinar. Veja a seguir como esses recursos se encontram distribuídos na obra.

Conteúdos do capítulo
Logo na abertura do capítulo, você fica conhecendo os conteúdos que serão nele abordados.

Após o estudo deste capítulo, você será capaz de:
Você também é informado a respeito das competências que irá desenvolver e dos conhecimentos que irá adquirir com o estudo do capítulo.

Síntese
Você dispõe, ao final do capítulo, de uma síntese que traz os principais conceitos nele abordados.

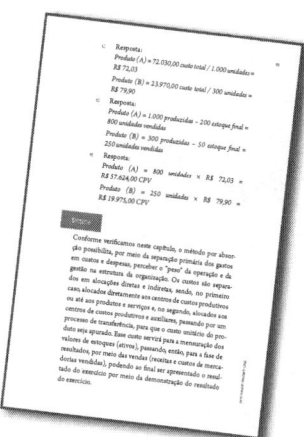

Exercícios resolvidos

A obra conta também com exercícios seguidos da resolução feita pelo próprio autor, com o objetivo de demonstrar na prática a aplicação dos conceitos examinados.

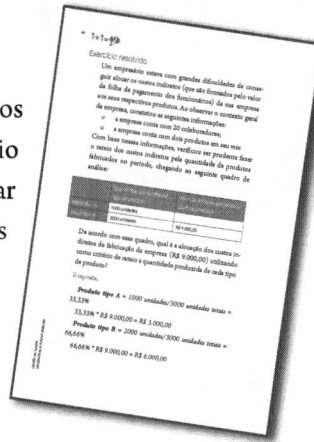

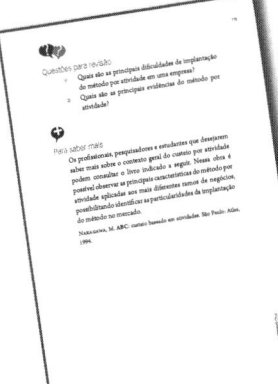

Exercício resolvido

Um empresário estava com grandes dificuldades de conseguir alocar os custos indiretos (que são formados pelo valor da folha de pagamento dos funcionários) da sua empresa aos seus respectivos produtos. Ao observar o contexto geral da empresa, constatou as seguintes informações:

- a empresa conta com 20 colaboradores;
- a empresa conta com dois produtos em seu mix.

Com base nessas informações, verificou ser prudente fazer o rateio dos custos indiretos pela quantidade de produtos fabricados no período, chegando ao seguinte quadro de análise:

De acordo com esse quadro, qual é a alocação dos custos indiretos de fabricação da empresa (R$ 9.000,00) utilizando como critério de rateio a quantidade produzida de cada tipo de produto?

Resposta:

Produto tipo A = 1000 unidades/3000 unidades totais = 33,33%

33,33% * R$ 9.000,00 = R$ 3.000,00

Produto tipo B = 2000 unidades/3000 unidades totais = 66,66%

66,66% * R$ 9.000,00 = R$ 6.000,00

Questões para revisão

1. Quais são as principais dificuldades de implantação do método por atividade em uma empresa?
2. Quais são as principais evidências do método por atividade?

Para saber mais

Os profissionais, pesquisadores e estudantes que desejarem saber mais sobre o contexto geral do custeio por atividade podem consultar o livro indicado a seguir. Nessa obra é possível observar as principais características do método por atividade aplicadas aos mais diferentes ramos de negócios, possibilitando identificar as particularidades da implantação do método no mercado.

Nakagawa, M. **ABC**: custeio baseado em atividades. São Paulo: Atlas, 1994.

Questões para revisão

Com estas atividades, você tem a possibilidade de rever os principais conceitos analisados. Ao final do livro, o autor disponibiliza as respostas às questões, a fim de que você possa verificar como está sua aprendizagem.

Para saber mais

Você pode consultar as obras indicadas nesta seção para aprofundar sua aprendizagem.

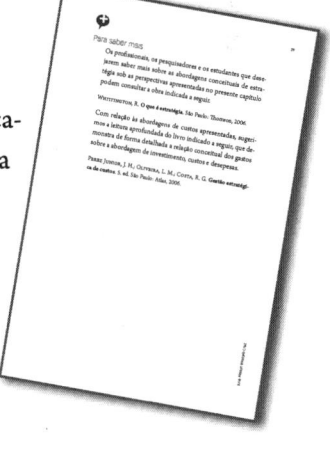

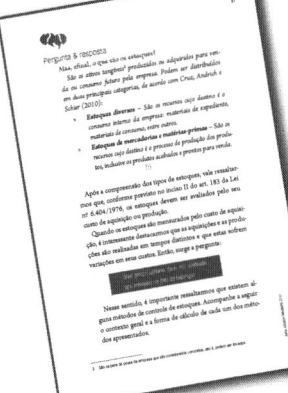

Para saber mais

Os profissionais, os pesquisadores e os estudantes que desejarem saber mais sobre as abordagens conceituais de estratégia sob as perspectivas apresentadas no presente capítulo podem consultar a obra indicada a seguir.

Whittington, R. **O que é estratégia**. São Paulo: Thomson, 2006.

Com relação às abordagens de custos apresentadas, sugerimos a leitura aprofundada do livro indicado a seguir, que demonstra de forma detalhada a relação conceitual dos gastos sobre a abordagem de investimento, custos e despesas.

Perez Junior, J. H.; Oliveira, L. M.; Costa, R. G. **Gestão estratégica de custos**. 5. ed. São Paulo: Atlas, 2006.

Pergunta & resposta

Mas, afinal, o que são os estoques?

São os ativos tangíveis produzidos ou adquiridos para venda ou consumo futuro pela empresa. Podem ser distribuídos em duas principais categorias, de acordo com Cruz, Andrich e Schier (2010):

- **Estoques diversos** – São os recursos cujo destino é o consumo interno da empresa: materiais de expediente, materiais de consumo, entre outros.
- **Estoques de mercadorias e matérias-primas** – São os recursos cujo destino é o processo de produção dos produtos, inclusive os produtos acabados e prontos para venda.

Após a compreensão dos tipos de estoques, vale ressaltarmos que, conforme previsto no inciso II do art. 183 da Lei nº 6.404/1976, os estoques devem ser avaliados pelo seu custo de aquisição ou produção.

Quando os estoques são mensurados pelo custo de aquisição, é interessante destacarmos que as aquisições e as produções são realizadas em tempos distintos e que estas sofrem variações em seus custos. Então, surge a pergunta:

Nesse sentido, é importante ressaltarmos que existem alguns métodos de controle de estoques. Acompanhe a seguir o contexto geral e a forma de cálculo de cada um dos métodos apresentados.

Pergunta & resposta

Nesta seção, o autor responde a dúvidas frequentes relacionadas aos conteúdos do capítulo.

capítulo 1

História da contabilidade

Conteúdos do capítulo	» Contexto geral da contabilidade de custos.
	» A contabilidade no Brasil.
	» Contabilidade como ciência e método.

Após o estudo deste capítulo, você será capaz de:

» compreender a origem da contabilidade e suas relações com a sociedade moderna e a gestão de custos.

O pensamento contábil teve sua principal origem na preocupação do homem primitivo em cuidar do seu rebanho. Nessa oportunidade, percebem-se os primeiros indícios conceituais de posse e propriedade de um patrimônio, apesar de os primeiros registros patrimoniais só terem sido encontrados na antiga Mesopotâmia, atual Iraque, região situada entre os rios Tigre e Eufrates.

Graças à civilização egípcia, surgiram os **escribas** (mestres e doutores na arte de explicação das leis), que, por meio do **papiro** (precursor do papel), registravam os movimentos patrimoniais, considerados os primeiros livros contábeis.

À medida que o comércio (troca voluntária de bens e serviços) se expandiu, expandiu-se também a importância de transparecer os movimentos patrimoniais perante seus interessados e, nesse contexto, surgiu o **sistema jurídico contábil**, criado pelos romanos (Cruz; Andrich; Schier, 2011).

Nesse sentido, podemos perceber a necessidade do estabelecimento de métodos que permitissem o controle dos patrimônios mediante as dinâmicas comerciais, evidenciando informações que interessassem a investidores, credores, fornecedores e clientes.

Eis que, em meio ao Renascimento, surge a figura do frade franciscano **Luca Bartolomes Pacioli**, nascido na Itália em 1445, que, embora alguns estudos apontem nunca ter afirmado ser de sua autoria, é considerado o responsável pelo desenvolvimento do método chamado *partidas dobradas*, princípio contábil cuja lógica estabelece que todo valor encontrado a crédito deve perceber um valor de igual importância a débito (Cruz; Andrich; Schier, 2011).

Já no Brasil, a contabilidade apresenta sua origem no ano de 1500, com os **provedores da Fazenda**, que eram os responsáveis legais pelo estabelecimento dos controles contábeis e que, por meio das cartas régias (cartas do rei), estabeleciam os primeiros princípios contábeis (Cruz; Andrich; Schier, 2011).

Pergunta & resposta

Quais as principais atribuições do provedores da Fazenda?

Tratava-se dos administradores públicos que tinham como principal atribuição o controle e a geração de arrecadação fazendária, além de prestar apoio a toda a estrutura de intendência militar, administrar obras públicas, organizar e financiar novas expedições, efetuar pagamento de pessoal, entre outras.

!!!

Com a vinda da Família Real para o Brasil (1808), iniciou-se o ensino da contabilidade por meio da instalação da Aula de Comércio da Corte. Assim, novas escolas surgiram, sendo a mais antiga (de que se tem registro) a Associação dos Guarda-Livros da Corte, fundada em 18 de abril de 1869, no Rio de Janeiro.

Em 1905, foram reconhecidos os primeiros diplomas oriundos da Academia do Comércio do Rio de Janeiro e da Escola Prática de Comércio de São Paulo, surgindo uma série de associações e comunidades contábeis, que seriam mais tarde organizadas nos Conselhos Regionais e Federal de Contabilidade.

Embora o primeiro congresso de contabilidade em solo brasileiro de que se tem registro tenha ocorrido em 1924, no Rio de Janeiro, a profissão de contador só foi reconhecida por meio do Decreto-Lei nº 9.295, de 27 de maio de 1946[1] (Cruz; Andrich; Mugnaini, 2021).

A partir de então, a contabilidade, ao lado da administração e dos demais ramos científicos, vem apresentando sua contribuição metodológica e jurídica baseada na transparência

---

1 Para consultar na íntegra o Decreto-Lei nº 9.295/1946, acesse: <https://www.planalto.gov.br/ccivil_03/decreto-lei/Del9295.htmv>.

dos atos e fatos monetários ocorridos na sociedade, possibilitando a gestão da posse e da propriedade do patrimônio das entidades, que aborda em seus conteúdos, entre outros assuntos, o estabelecimento da gestão dos custos como uma efetiva corrente científica e de mercado da área.

Exercício resolvido

Um pesquisador da área contábil apresentou-se para uma palestra em uma grande indústria do ramo alimentício e, ao final da palestra, um gerente lhe questionou sobre a função da contabilidade na sociedade.

Com base nesse questionamento, quais são as principais funcionalidades da contabilidade na sociedade contemporânea?

Resposta:

Entre as principais funções da contabilidade na sociedade atual, destacam-se, entre outras:

a) *o controle dos aspectos tributários da empresa em relação à sociedade;*

b) *a transparência dos atos e fatos econômicos e financeiros quanto aos* stakeholders *das empresas;*

c) *a transparência dos atos de gestão perante a sociedade.*

Síntese

A compreensão histórica da contabilidade e de suas relações com a sociedade brasileira é de extrema importância para o pleno entendimento da gestão contábil tal qual a conhecemos hoje. Nesse sentido, a compreensão das origens dos métodos contábeis de controle e gestão até o reconhecimento da relevância destes no contexto brasileiro em 1946 nos possibilita refletir sobre suas principais funcionalidades sociais e de gestão nas organizações contemporâneas.

Questões para revisão

1) Qual é o papel da contabilidade na sociedade?
2) Qual é o histórico do desenvolvimento contábil no Brasil?

Para saber mais

Os profissionais, os pesquisadores e os estudantes que desejarem saber mais sobre as abordagens históricas da contabilidade em seus preceitos iniciais podem consultar as obras indicadas a seguir. Ambas possibilitam a compreensão da história da contabilidade no contexto brasileiro, por meio da apresentação da sua origem e trajetória ao longo dos conturbados momentos econômicos, políticos e sociais ocorridos no Brasil.

CRUZ, J. A. W.; ANDRICH, E. G.; MUGNAINI, A. **Análise de demonstrações financeiras:** teorias e práticas. 5. ed. Curitiba: Juruá, 2021.

CRUZ, J. A. W.; ANDRICH, E. G.; SCHIER, C. U. C. **Contabilidade introdutória descomplicada.** 7. ed. Curitiba: Juruá, 2021.

capítulo 2

Estratégias empresariais e gestão de custos

Conteúdos do capítulo

» Contexto geral de estratégia.
» Contexto geral de custos.
» Contexto geral de estratégia e custos.
» Relação das abordagens de custos com a estratégia das empresas.

Após o estudo deste capítulo, você será capaz de:

» identificar as várias abordagens de estratégia nas empresas;
» relacionar a perspectiva de estratégia das empresas com as abordagens de custos;
» identificar a importância da relação entre estratégia e custos.

É clara a percepção dos pesquisadores e profissionais brasileiros em relacionarem os conceitos de estratégia e de custos, estabelecendo um elo entre esses dois importantes temas. Baseando-se nisso, o presente capítulo apresenta a complexidade envolvida na definição isolada dos temas "estratégia empresarial" e "gestão de custos" e, por fim, apresenta uma perspectiva de integração das abordagens de estratégia no contexto da gestão de custos, apresentando a **gestão estratégica de custos**.

É importante salientar que duas inquietações merecem especial atenção: a primeira diz respeito à conceituação de estratégia e a segunda está relacionada à conceituação de custos em seus aspectos contábeis e gerenciais.

2.1
Abordagem conceitual de estratégia

A percepção real da conceituação de estratégia é conflitante entre os principais pesquisadores da área, o que possibilita que a **estratégia** seja vista por vários focos, fazendo-nos pensar se existe a possibilidade de se propor uma conceituação definitiva sobre o termo.

Mas, afinal, o que é estratégia?

Segundo Whittington (2006), a estratégia é concebida por quatro abordagens distintas e complementares, de acordo com a figura a seguir.

Figura 2.1 – Abordagens de estratégia

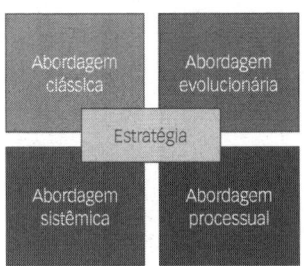

Fonte: Whittington, 2006, p. 13.

A abordagem clássica da estratégia é a mais antiga e influente nos meios organizacionais, pois conta com os métodos de planejamento racional predominantes nos meios organizacionais.

Essa abordagem trata a estratégia como um processo de base racional de cálculos e análises deliberadas, que apresentam como principal objetivo a maximização em longo prazo das vantagens da entidade. Por meio dessa linha de pensamento, a abordagem clássica apresenta o planejamento como uma base para a pretensão de dominação dos ambientes internos e externos à organização, sendo a estratégia um importante fator na análise racional, definindo as perspectivas de sucesso e insucesso dos empreendimentos. A maximização do lucro, nesse caso, é percebida como uma relação de desenvolvimento da estratégia de forma deliberada.

Já a abordagem evolucionária afirma que a estratégia – no sentido clássico de planejamento racional orientado para o futuro – é irrelevante, pois é necessário considerar-se o ambiente tipicamente implacável e imprevisível para que se façam previsões eficazes. Dessa forma, a abordagem evolucionária é apoiada na "evolução biológica", em que o mercado é baseado na "lei da selva" no que diz respeito aos seus aspectos comportamentais. Semelhante à abordagem clássica, a abordagem evolucionária observa a maximização do lucro como o resultado natural do desenvolvimento da estratégia (Mintzberg; Ahlstrand; Lampel, 2000).

A abordagem sistêmica é considerada relativista, pois apresenta uma relação entre os fins e os meios da estratégia, observando as culturas e a relação com o território no qual ela se desenvolve como fatores importantes de análise. Assim como a abordagem processual (ou processualista), apresenta também uma relação mais pluralista de resultado, tendo uma percepção deliberada em seus processos.

A abordagem processual, por sua vez, enfatiza a natureza imperfeita da vida humana e acomoda pragmaticamente a estratégia ao processo falível tanto das organizações quanto dos mercados (Whittington, 2006), apresentando uma visão pluralista de desempenho e resultado, percebendo possíveis resultados além da mensuração do lucro.

Com relação aos processos estratégicos, a abordagem processualista observa a estratégia como algo que pode ser emergente, oriundo de processos governados pelo acaso.

Diante das perspectivas de estratégia relacionadas à gestão empresarial, apresentamos a seguir o contexto geral das abordagens de custos, que relaciona os conceitos iniciais dos gastos de uma organização sob três enfoques distintos: investimentos, custos e despesas.

2.2 Abordagem conceitual de custos

As abordagens de custos, entre suas principais características, têm como principal objetivo compreender a relação da produção de um bem ou serviço com os recursos consumidos nesse processo. Nesse sentido, podemos dizer que o entendimento das abordagens de custos está diretamente relacionado à compreensão da gestão e da operação dos gastos da empresa, que, por meio de suas atividades, procura espaço em meio às necessidades de nossa sociedade.

Por meio dessa abordagem, é necessário que você compreenda a estrutura teórica do estudo dos custos, que deve apresentar primeiramente a separação entre os tipos de gastos, sendo eles:

» investimentos;
» custos;
» despesas.

Dessa forma, podemos generalizar que, em uma empresa, os gastos compreendem a soma dos custos, das despesas e dos investimentos. Os **investimentos** são os gastos relacionados à aquisição de novas capacidades da empresa, gerando evolução de tecnologia, infraestrutura, imobilizados, entre outros. Já os **custos** são os gastos relacionados ao processo de produção de um bem ou serviço. As **despesas**, por sua vez, representam os gastos relacionados à gestão da empresa.

A distinção desses termos pode auxiliar o gestor da organização na correta percepção da aplicação dos recursos monetários da empresa, possibilitando a correta visualização dos efeitos das decisões já tomadas pelos gestores.

Pergunta & resposta

O Departamento de Controladoria da empresa Verdão S.A., chefiado pelo Sr. Baggio, está estruturando uma nova forma de análise dos tipos de gastos da empresa. Nesse contexto, foram propostos três tipos de gastos a serem mapeados: investimentos, custos e despesas. Agora, auxilie o supervisor do departamento a conceituar corretamente cada um desses tipos de gastos e exemplicar alguns deles.

Investimentos: são os gastos relacionados à aquisição de novas capacidades da empresa Verdão S.A. que visam à geração e à evolução das tecnologias, como aquisição de novas máquinas, construção de uma nova estrutura, entre outros.

Custos: são os gastos relacionados ao processo de produção dos bens e serviços oferecidos pela empresa Verdão S.A., entre eles matéria-prima, embalagem, mão de obra direta etc.

Despesas: são os gastos relacionados à gestão e à administração da empresa Verdão S.A., como o salário do gerente administrativo e o material de expediente da administração.

!!!

Ao apresentarmos as perspectivas de estratégia e custos, podemos propor a relação conjunta entre ambos, constituindo a **gestão estratégica de custos**. Esta alinha as relações conceituais de estratégia em uma perspectiva deliberada e emergente aplicada aos conceitos e às tipologias de gastos (investimentos, custos e despesas), procurando evidenciar oportunidades e ameaças no ambiente externo e relacioná-las aos pontos fortes e fracos do ambiente interno, agregando valor à relação econômica e financeira das organizações.

Seu principal objetivo consiste na gestão dos gastos de uma empresa, a fim de contribuir para a percepção, a qualidade e a geração de informações. Isso possibilita compreender as decisões passadas com o objetivo de projetar as decisões futuras e relacionar os princípios de estratégia aos conceitos e métodos de custos, com foco na eficiência do processo produtivo e na eficácia dos resultados, de forma a gerar informações sobre a capacidade de respostas da estrutura para suportar as estratégias competitivas.

1+1=💬

Exercício resolvido

Ao examinarmos as abordagens de estratégia e custos separadamente, percebemos a geração de uma nova abordagem, que se trata da gestão estratégica de custos, cuja doutrina estratégica é aplicada à gestão de custos.

Com base nessa discussão, qual é a diferença entre a gestão de custos e a gestão estratégica de custos?

Resposta:

A gestão de custos tem como foco principal a identificação de oportunidades de redução de custos, dando ênfase à melhoria dos processos de produção.

Já a gestão estratégica de custos tem como foco principal a identificação de um posicionamento competitivo diferenciado, sob a perspectiva da melhoria dos resultados da empresa.

Síntese

A compreensão das principais abordagens de estratégia, por meio de suas relações deliberadas e emergentes, com objetivos múltiplos ou apenas focada no lucro, está diretamente relacionada com a percepção geral de custos, que é apresentada por meio das tipologias introdutórias de gastos: investimentos, custos e despesas. Nesse sentido, a proposição da gestão estratégica de custos origina-se no alinhamento entre as abordagens de estratégia e de custos com o objetivo de agregar valor às organizações por meio da tradução dos atos de gestão passados, sob o preceito de avaliações futuras.

Questões para revisão

1) Quais as principais abordagens de estratégia estabelecidas?
2) Quais as contribuições da gestão estratégica de custos para a gestão de uma organização?

Para saber mais

Os profissionais, os pesquisadores e os estudantes que desejarem saber mais sobre as abordagens conceituais de estratégia sob as perspectivas apresentadas no presente capítulo podem consultar as obras indicadas a seguir.

WHITTINGTON, R. O que é estratégia. São Paulo: Thomson, 2006.

Com relação às abordagens de custos apresentadas, sugerimos a leitura aprofundada do livro indicado a seguir, que demonstra de forma detalhada a relação conceitual dos gastos sobre a abordagem de investimento, custos e desepesas.

PEREZ JUNIOR, J. H.; OLIVEIRA, L. M.; COSTA, R. G. Gestão estratégica de custos. 5. ed. São Paulo: Atlas, 2006.

capítulo 3

Tipos de gastos

Conteúdos do capítulo

- » Tipologia de gastos.
- » Contexto geral de custos.
- » Contexto geral de investimentos.
- » Contexto geral de despesas.

Após o estudo deste capítulo, você será capaz de:

» identificar os tipos de gastos;
» identificar os tipos de despesas;
» identificar os tipos de custos;
» evidenciar a importância da correta classificação dos custos nas empresas.

Após o entendimento inicial da relação histórica entre os custos e a contabilidade, suas contribuições e seus conceitos, na expectativa de compreender a formação do passado para dar sentido ao presente e estabelecer tendências para o futuro, percebemos, conforme explanado no capítulo anterior, a existência da diferença entre os tipos de gastos, que podem ser classificados em **custos, investimentos** ou **despesas**. A relação entre esses três diferentes gastos pode ser observada na figura a seguir.

Figura 3.1 – Relação entre custos, investimentos e despesas

As próximas seções irão concentrar-se em um detalhamento mais profundo desses gastos, apresentando seu contexto geral e específico, além de uma série de exemplos.

3.1
Custos

São os gastos direta ou indiretamente associados à produção de um bem ou serviço, podendo ser classificados em:

» custos diretos;
» custos indiretos;
» custos fixos;
» custos variáveis;
» custos híbridos.

Observe a seguir o contexto geral de cada um desses tipos de custo.

3.1.1
Custos diretos

São os gastos voltados à produção de um bem ou serviço que podem ser observados e mensurados diretamente no produto ou no serviço, sem a necessidade da utilização de rateio[1], consistindo em uma das bases de cálculo do método de custeio por absorção, que apresentaremos no capítulo 5 deste livro. Veja um exemplo de custo direto:

» **Matéria-prima** – Pode ser considerada como um custo direto, desde que seja alocada diretamente a um único tipo de produto ou serviço, sem que seja necessária a utilização de rateio. Exemplo: madeira em uma fábrica de mesas de madeira.

Ao classificar madeira como um custo direto, o gestor da fábrica de mesas assume que é possível identificar o consumo de madeira para cada tipo de mesa, sem que haja a necessidade de rateio.

Veja os cálculos demonstrados na tabela a seguir.

Tabela 3.1 – Cálculo de custo direto para as mesas tipo A e B

	Consumo de madeira	Quantidade de mesas produzidas
Mesa tipo A	R$ 4.500,00	300 unidades
Mesa tipo B	R$ 3.800,00	200 unidades
Total	R$ 8.300,00	500 unidades

Ao considerar a madeira da mesa como um custo direto de cada tipo de mesa, podemos calcular o custo direto unitário dos dois produtos apresentados na tabela.

---

1 O rateio consiste na distribuição proporcional dos custos indiretos aos centros de custos, produtos ou serviços.

Pergunta & resposta

De acordo com os dados descritos anteriormente, qual é o custo direto unitário de cada tipo de mesa?

 Mesa tipo A – R$ 4.500,00/300 unidades = R$ 15,00

 Mesa tipo B – R$ 3.800,00/200 unidades = R$ 19,00

3.1.2
Custos indiretos

São os gastos voltados à produção de um bem ou serviço que **não** podem ser observados e mensurados diretamente no produto ou no serviço, sendo necessária a utilização de rateios para sua efetiva alocação ao produto ou serviço. Consistem em uma das bases de cálculo do método de custeio por absorção. Veja alguns exemplos:

» **Salário dos funcionários da fábrica (mão de obra direta)** – Pode ser considerado como um custo indireto, desde que os funcionários da produção estejam envolvidos no processo de fabricação dos dois tipos de produto. Nesse caso, não é possível ligar os colaboradores da fábrica diretamente a um único tipo de produto ou serviço, sem que seja necessária a utilização do rateio. Se os funcionários fossem separados em linhas de produção diretas, a mão de obra direta poderia ser classificada como **custo direto**, pois, nesse caso, cada funcionário estaria envolvido em apenas um tipo de produto, não sendo necessário o rateio da sua remuneração para alocação nos produtos.

Baseado no que dissemos no parágrafo anterior, analise a situação descrita a seguir.

A fábrica de mesas conta com 10 funcionários em sua linha de produção, sendo envolvidos na produção dos seguintes produtos: **mesa tipo A e mesa tipo B**.

Com base no controle de produção, observaram-se os seguintes dados:

Tabela 3.2 – Relação entre quantidade de produção e remuneração de mão de obra direta

	Quantidade de mesas produzidas	Valor da folha de pagamento (10 funcionários)
Mesa tipo A	300 unidades	
Mesa tipo B	200 unidades	
Total	500 unidades	R$ 15.500,00

Para distribuirmos os custos indiretos em cada um dos produtos (mesa tipo A e mesa tipo B), precisamos fazer o rateio do valor referente à folha de pagamento, posto que não é possível identificar, de forma direta, qual o consumo de mão de obra direta é observado em cada um dos produtos. Nesse caso, iremos utilizar a **quantidade de mesas produzidas** como critério de rateio, observando a seguinte distribuição percentual:

Percentual da mesa tipo A = 300 unidades/500 unidades = 60%
Percentual da mesa tipo B = 200 unidades/500 unidades = 40%

Observando esse critério de rateio (quantidade produzida), a mesa tipo A irá receber 60% do total da folha de pagamento e a mesa tipo B irá receber 40% do referido valor.

Ao estabelecer o critério de rateio e calcular o percentual pertinente a cada tipo de produto, podemos observar o valor de custo indireto de fabricação referente ao consumo de mão de obra direta de cada tipo de mesa.

Pergunta & resposta

De acordo com os dados descritos anteriormente, qual é o custo indireto unitário referente à mão de obra direta de cada tipo de mesa?

Mesa tipo A → R$ 15.500,00 · 60% = R$ 9.300,00

R$ 9.300,00/300 unidades = R$ 31,00

Mesa tipo B → R$ 15.500,00 · 40% = R$ 6.200,00

R$ 6.200,00/200 unidades = R$ 31,00

3.1.3
Custos fixos

São os gastos voltados à produção de um bem ou serviço que não variam de acordo com a quantidade produzida, ou seja, os valores são os mesmos independemente do volume de produção de bens ou serviços da empresa, podendo esses gastos existirem mesmo que não seja produzido nenhum bem ou serviço. Consistem em uma das bases de cálculo do método de custeio direto.

Veja alguns exemplos:

» **Aluguel do barracão da fábrica** – Em geral, os aluguéis de instalações de produção de bens ou serviços são contratados de forma fixa, ou seja, acerta-se um determinado valor mensal pela utilização de um espaço físico. Nesse caso, seu valor não é influenciado pela quantidade de bens ou serviços prestados, havendo a obrigação do pagamento do valor acordado independentemente da sua forma de utilização ou ocupação.

» **Salário dos funcionários da fábrica (mão de obra direta)** – Pode ser considerado como um custo fixo desde que os salários dos funcionários sejam também fixos, sem nenhum percentual de variabilidade por desempenho. Dessa forma, a quantidade de bens produzidos ou de serviços prestados não interfere no valor da folha de pagamento (desde que seja acordado por remuneração fixa).

Assim, os custos fixos podem ser apresentados na seguinte estrutura gráfica:

Gráfico 3.1 – Representação gráfica dos custos fixos

Observando o gráfico, podemos perceber que o valor do custo fixo de determinada empresa (R$ 200,00) se mantém constante, não apresentando variação com a quantidade produzida (1 a 8). Dessa forma, podemos afirmar que esse gasto de produção de bem ou serviço é um custo fixo.

3.1.4
Custos variáveis

São os gastos voltados à produção de um bem ou serviço que variam de acordo com a quantidade produzida, ou seja, os valores sofrem variações conforme a quantidade de produtos ou serviços prestados pela empresa, existindo esse tipo de gasto apenas nos casos de evento operacional. Veja o exemplo a seguir.

» Matéria-prima – Pode ser considerada como um custo variável, pois seu consumo está condicionado ao nível de atividade de produção da empresa. Podemos citar como exemplo a utilização de madeira em uma fábrica de mesas de madeira: quanto mais mesas forem produzidas, maior será o consumo dessa matéria-prima; por outro lado, caso não haja atividade operacional, não haverá consumo de madeira.

Assim, os custos variáveis podem ser apresentados na seguinte estrutura gráfica:

Gráfico 3.2 – Representação gráfica dos custos fixos e variáveis

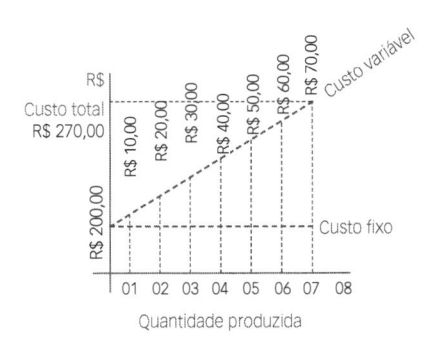

Observando o gráfico, podemos perceber que o valor dos custos fixos (R$ 200,00) se mantém constante, ao passo que os custos variáveis apresentam variação de R$ 10,00 a cada quantidade produzida, chegando ao valor de R$ 270,00 de custo total, sendo R$ 200,00 de custos fixos e R$ 70,00 de custos variáveis (referentes à produção de 7 unidades ao custo variável de R$ 10,00 por unidade).

3.1.5
Custos híbridos

São os gastos voltados à produção de um bem ou serviço que são parcialmente fixos e variáveis. Dessa forma, os custos híbridos (semifixos ou semivariáveis) apresentam uma parcela fixa até determinado patamar, passando a ser variáveis a partir de um dado momento (semifixo); podem ainda ser variáveis até determinado nível, passando a ser fixos a partir de certo momento (semivariáveis). Veja o seguinte exemplo:

» **Mão de obra direta** – pode ser considerada como um custo híbrido, dependendo da forma de sua contratação. Isso pode ocorrer caso a forma de contratação seja formalizada com uma remuneração fixa somada a um percentual variável (semifixo), de acordo com seu desempenho de produção (no caso de uma fábrica ou prestadora de serviços) ou de vendas por meio de comissões (no caso de um comércio). É possível ainda ser estabelecido um contrato primeiramente variável e posteriormente fixo, auferindo uma remuneração variável até determinado patamar, até que seja limitado a determinado valor, passando a ser fixo.

Assim, os custos híbridos podem ser demonstrados na estrutura gráfica a seguir.

Gráfico 3.3 – Custos semifixos   Gráfico 3.4 – Custos semivariáveis

[Gráfico 3.3: Custo total R$ 240,00; R$ 200,00; eixo vertical R$, eixo horizontal Quantidade produzida 01 02 03 04 05 06 07 08; marcações R$ 10,00, R$ 20,00, R$ 30,00, R$ 40,00; Custo variável; Custo fixo]

[Gráfico 3.4: Custo total R$ 40,00; eixo vertical R$, eixo horizontal Quantidade produzida 01 02 03 04 05 06 07 08; marcações R$ 10,00, R$ 20,00, R$ 30,00, R$ 40,00; Custo variável; Custo fixo]

Observando o gráfico dos custos semifixos, podemos perceber que o valor dos custos fixos (R$ 200,00) se mantém constante até a produção do terceiro produto ou serviço. A partir de então, observamos o crescimento de R$ 10,00 a cada unidade produzida, chegando ao custo total de R$ 240,00 na sétima unidade. Já no gráfico dos custos semivariáveis, podemos observar que os custos variáveis permanecem crescentes até a quarta unidade produzida, passando a ser fixos a partir de então, não havendo variação dos valores dos custos da quarta à sétima unidade produzida.

3.1.6

Investimentos

São os gastos associados à manutenção da competitividade da empresa no mercado por meio da aquisição de infraestrutura, tecnologia, capacidade, pesquisa e desenvolvimento, bem como de novas unidades de negócios, entre outros. Sob a abordagem contábil, os investimentos podem receber várias denominações. Assim, a aquisição de imobilizados seria considerada como um **ativo** pela contabilidade, ou seja, como um bem ou direito. Já os gastos com pesquisa e desenvolvimento seriam considerados como despesas.

3.1.7
Despesas

São os gastos associados à administração e à gestão da empresa, não apresentando relação direta ou indireta com os bens e os serviços da organização. Pelo método por absorção (conforme será abordado no capítulo 5 do presente livro), as despesas são alocadas diretamente à administração da empresa por meio das seguintes categorias (de acordo com a estrutura da demonstração do resultado do exercício – Lei nº 6.404, de 15 de novembro de1976[2]):

» despesas administrativas;
» despesas comerciais;
» despesas financeiras.

Pelo método direto, as despesas apresentam a mesma classificação e o mesmo tratamento dos custos, ou seja, são separadas em despesas fixas e variáveis, correspondendo à mesma abordagem conceitual dos custos, só que alocados à administração da empresa e não da operação.

Conforme observado neste capítulo, os gastos podem ser classificados em custos, despesas e investimentos. Cada um deles apresenta uma subclassificação, que auxilia o gestor da organização na correta identificação e alocação dos gastos. Veja um resumo dos tipos de gastos e suas classificações no gráfico a seguir.

---

[2] Para consultar na íntegra o texto da Lei nº 6.404/1976, acesse: <http://www.planalto.gov.br/ccivil_03/LEIS/L6404consol.htm>.

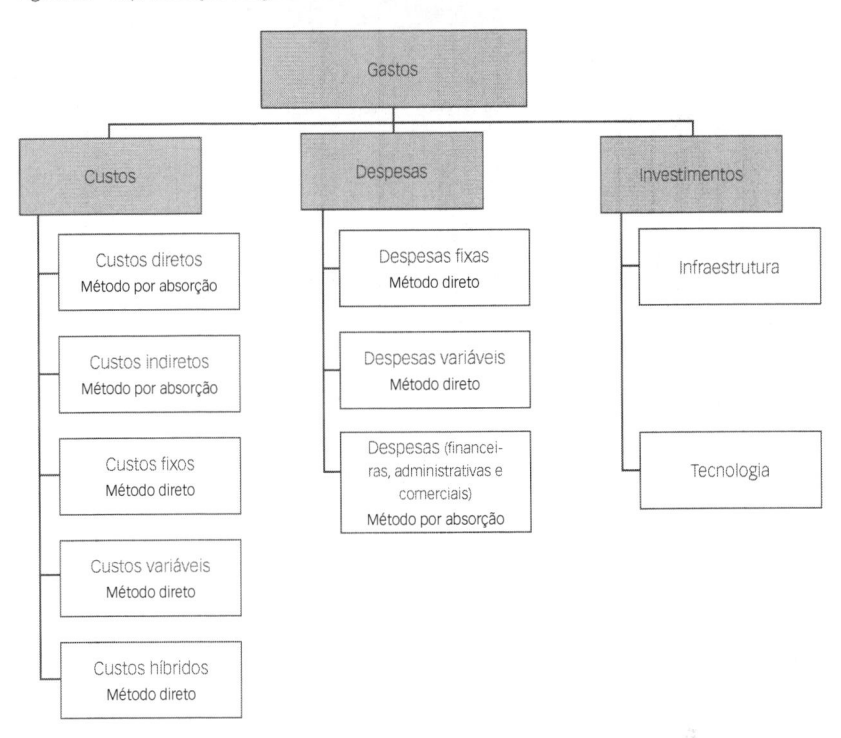

Figura 3.2 – Representação dos gastos e suas respectivas subdivisões

```
                              Gastos
         ┌───────────────────────┼───────────────────────┐
       Custos                 Despesas             Investimentos
         │                       │                       │
  Custos diretos          Despesas fixas            Infraestrutura
  Método por absorção     Método direto
         │                       │
  Custos indiretos        Despesas variáveis
  Método por absorção     Método direto
         │                       │
    Custos fixos          Despesas (financei-         Tecnologia
   Método direto          ras, administrativas e
                          comerciais)
         │                Método por absorção
  Custos variáveis
   Método direto
         │
  Custos híbridos
   Método direto
```

Observando a classificação completa dos tipos de gastos, podemos verificar que cada tipo de gasto apresenta uma distinta aplicação de recursos, que deverá ser analisada, criticada e repensada no intuito de gerar uma efetiva ferramenta de gestão organizacional (de acordo com o método adotado, como veremos nos capítulos seguintes).

Por fim, é importante salientar que os tipos de gastos devem ser classificados de acordo com as características contratuais de cada gasto e empresa, não havendo a possibilidade de generalizações, sendo necessário o entendimento de cada caso para classificação dos gastos da organização.

Exercício resolvido

Um empresário estava com grandes dificuldades de conseguir alocar os custos indiretos (que são formados pelo valor da folha de pagamento dos funcionários) da sua empresa aos seus respectivos produtos. Ao observar o contexto geral da empresa, constatou as seguintes informações:

a) a empresa conta com 20 colaboradores;
b) a empresa conta com 2 produtos em seu *mix*.

Com base nessas informações, verificou ser prudente fazer o rateio dos custos indiretos pela quantidade de produtos fabricados no período, chegando ao seguinte quadro de análise:

	Quantidade produzida por tipo de produto	Valor da folha de pagamento (20 funcionários)
Mesa tipo A	1.000 unidades	
Mesa tipo B	2.000 unidades	R$ 9.000,00

De acordo com esse quadro, qual é a alocação dos custos indiretos de fabricação da empresa (R$ 9.000,00) utilizando como critério de rateio a quantidade produzida de cada tipo de produto?

Resposta:

Produto tipo A = 1.000 unidades/3.000 unidades totais = 33,33%

33,33% * R$ 9.000,00 = R$ 3.000,00

Produto tipo B = 2.000 unidades/3.000 unidades totais = 66,66%

66,66% * R$ 9.000,00 = R$ 6.000,00

Assim, após o rateio dos custos indiretos de fabricação, observa-se a seguinte distribuição dos custos aos produtos:

Produto A = R$ 3.000,00

Produto B = R$ 6.000,00

+++

Considerando esse critério de rateio (quantidade produzida), a mesa tipo A irá receber 60% do total da folha de pagamento e a mesa tipo B irá receber 40% do referido valor.

Ao estabelecer o critério de rateio e calcular o percentual pertinente a cada tipo de produto, temos o valor de custo indireto de fabricação referente ao consumo de mão de obra direta de cada tipo de mesa.

Pergunta & resposta

De acordo com os dados descritos anteriormente, qual é o custo indireto unitário referente à mão de obra direta de cada tipo de mesa?

Mesa tipo A → R$ 15.500,00 · 60% = R$ 9.300,00
R$ 9.300,00/300 unidades = R$ 31,00

Mesa tipo B → R$ 15.500,00 · 40% = R$ 6.200,00
R$ 6.200,00/200 unidades = R$ 31,00

Síntese

O entendimento das tipologias dos gastos merece especial atenção por parte dos gestores, pois a qualidade da classificação dos tipos determina a qualidade das informações gerenciais que deverão ser utilizadas para a tomada de decisões, sendo, pois, importantes atores do processo decisório.

Nesse sentido, o presente capítulo apresentou a relação dos tipos de gastos, tais como custos, despesas e investimento, e de suas subclassificações (custos fixos, variáveis, diretos, indiretos e híbridos; despesas fixas e variáveis).

Questões para revisão

1) Quais são os tipos de gastos existentes em uma empresa?
2) Quais são os tipos de gastos utilizados no método direto, por absorção e por atividade?

Para saber mais

Os profissionais, os pesquisadores e os estudantes que desejarem saber mais sobre a tipologia dos gastos e suas características específicas referentes a outros casos empresariais podem consultar as obras indicadas a seguir. Ambas apresentam um amplo enfoque dos tipos de gastos aplicados ao contexto empresarial contemporâneo.

ALCEU, S; CLEMENTE, A. **Gestão de custos**. São Paulo: Atlas, 2007.

PEREZ JUNIOR, J. H.; OLIVEIRA, L. M.; COSTA, R. G. **Gestão estratégica de custos**. 5. ed. São Paulo: Atlas, 2006.

capítulo 4

Métodos de custeio

Conteúdos do capítulo

» Apresentação geral dos tipos de métodos de custeio.
» Contexto geral do custeio por absorção.
» Contexto geral do custeio direto.
» Contexto geral do custeio por atividade.

Após o estudo deste capítulo, você será capaz de:

» identificar os principais métodos de custeio;
» conhecer o contexto geral de cada um dos métodos abordados (por absorção, direto e por atividade);
» evidenciar a importância do pleno entendimento de cada um dos métodos de custeio apresentados.

A compreensão do contexto geral dos gastos e suas respectivas tipologias emerge como um importante conhecimento para estabelecer uma base conceitual que ampare o entendimento dos métodos de custeio. Nesse sentido, o pleno entendimento das características apresentadas no capítulo anterior a respeito de custos, despesas e investimentos é essencial para a compreensão dos métodos de custeio e suas particularidades, examinados neste capítulo.

4.1 Contexto geral dos métodos de custeio

Os métodos de custeio têm recebido críticas há muito tempo, pois o seu emprego inadequado pode fornecer informações incorretas às decisões dos empresários. Grande parte dessa discussão e das críticas advindas dela se revela relacionada às constantes mudanças tecnológicas e contratuais nas organizações, que devem ser acompanhadas pelos métodos de mensuração dos custos. Entre os principais métodos utilizados no mercado, podemos destacar os tipos a seguir:

» custeio por absorção;
» custeio direto;
» custeio por atividade.

Ao analisarmos cada um dos métodos de custeio, podemos observar que, entre as diferenças mais relevantes, a funcionalidade se destaca, pois cada método se adéqua a determinado objetivo.

Pergunta & resposta

Afinal, por que existem métodos de custeio diferentes?

A compreensão das abordagens de custos por uma empresa é um processo complexo e intrigante. Cada método de custeio apresenta uma funcionalidade diferenciada acerca da forma de visualizar os gastos nas empresas, apresentando características particulares.

!!!

Diante disso, antes de aplicar qualquer método de custeio em uma empresa, o gestor deve se perguntar: "**Qual é o objetivo da mensuração dos custos dos produtos ou serviços na empresa?**".

Após a mensuração desse objetivo, apresenta-se uma nova questão: "**Qual é o método de custeio mais apropriado para esse objetivo?**".

Tais questões são importantes para evitar que o gestor da empresa esteja utilizando dados inadequados para a tomada de decisões, propiciando o alinhamento entre os objetivos, as estratégias e os métodos de custeio utilizados pela empresa, conforme a figura a seguir.

Figura 4.1 – *Alinhamento entre objetivos, estratégias e métodos de custeio*

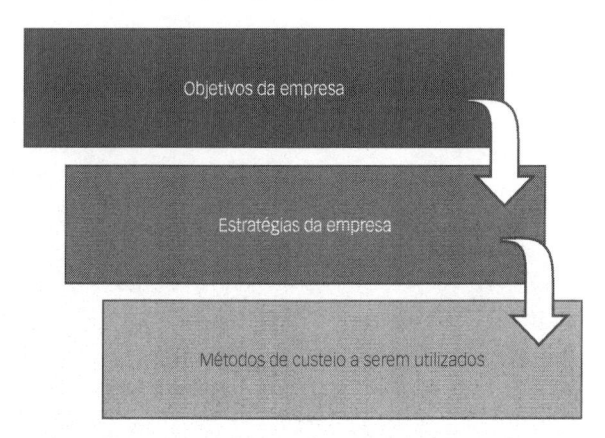

Objetivos da empresa

Estratégias da empresa

Métodos de custeio a serem utilizados

Observe na próxima figura os tipos de custos envolvidos em cada método de custeio e acompanhe uma descrição geral de cada um deles:

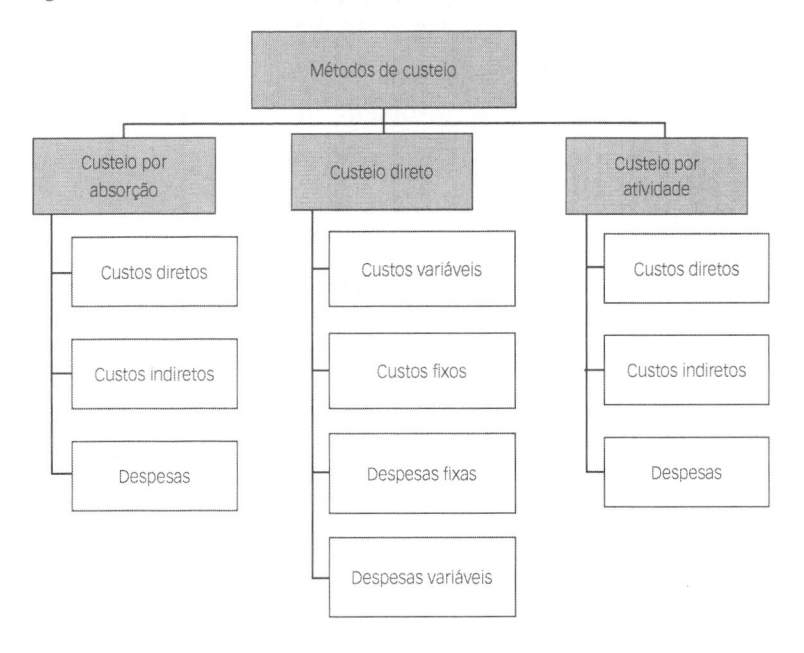

Figura 4.2 – Métodos de custeio e seus tipos de custos

```
                        Métodos de custeio
         ┌──────────────────┼──────────────────┐
   Custeio por         Custeio direto      Custeio por
   absorção                                 atividade
       │                    │                   │
   ┌───┤                ┌───┤               ┌───┤
   │ Custos diretos     │ Custos variáveis  │ Custos diretos
   │                    │                   │
   ├───                 ├───                ├───
   │ Custos indiretos   │ Custos fixos      │ Custos indiretos
   │                    │                   │
   └───                 ├───                └───
     Despesas           │ Despesas fixas      Despesas
                        │
                        └───
                          Despesas variáveis
```

» **Custeio por absorção** – Trata-se do método legalmente aceito no Brasil. O método de custeio por absorção é um procedimento de apuração dos custos por meio da alocação direta (custos diretos) ou indireta (custos indiretos) dos custos aos produtos ou serviços, sendo os gastos administrativos (despesas) separados dos custos. Esse método possibilita a mensuração do custo unitário de cada produto ou serviço e a identificação do custo de cada departamento da empresa (centros de custos).

» **Custeio direto** – Consiste no método de custeio que separa os custos fixos dos custos variáveis, alocando aos produtos e aos serviços somente os custos variáveis, por considerar que os custos fixos (gerais ou específicos) são derivados da estrutura da empresa e não dos produtos ou serviços. Pelo custeio direto, os custos e as despesas têm o mesmo tratamento, ou seja, também são separados em fixos e variáveis. Como principal funcionalidade, o custeio direto auxilia na identificação da contribuição (margem de contribuição = receita − custos variáveis − despesas variáveis) de cada unidade de produto ou serviço.

» **Custeio por atividade** − A crescente complexidade das organizações em seus processos operacionais tem aumentando consideravelmente o montante percentual dos custos indiretos com relação aos custos diretos, tornando mais complexas as atividades e o seu mapeamento. Esse método sugere que os custos indiretos sejam consumidos pelas atividades e não pelo produto, que é considerado uma consequência das atividades da empresa para produzi-lo. O método de custeio por atividade ou custeio ABC (*activity based costing*) é uma variante do método do custeio por absorção. No entanto, nesse método os custos são alocados aos produtos por meio do mapeamento de suas atividades.

1+1=💬

Exercício resolvido

Em determinado congresso de empresários do setor alimentício, surgiu uma interessante discussão sobre as principais diferenças entre os métodos de custeio e a finalidade de cada um. Entre os participantes, um empresário apresentou a seguinte questão:
Qual método de custeio é o melhor?

Resposta:

Uma compreensão adequada dos métodos de custeio implica perceber que não existe um método melhor que outro, pois cada um apresenta sua funcionalidade e deve estar alinhado à problemática da empresa. Nesse sentido, antes da efetiva aplicação de qualquer um dos métodos de custeio, algumas reflexões são recomendadas:

a) identificar qual é o real objetivo da mensuração dos custos dos produtos ou serviços na empresa;

b) identificar qual é o método de custeio mais apropriado para esse objetivo.

Dessa forma, a resposta à pergunta do empresário seria: o melhor método de custeio é aquele que está alinhado aos objetivos da empresa.

Síntese

Conforme observado neste capítulo, cada método de custeio apresenta uma série de características e funcionalidades diferentes, havendo a necessidade de o gestor estabelecer uma criteriosa reflexão antes da implementação de cada método. Isso poderá ser mais bem observado nos próximos capítulos desta obra.

Questões para revisão

1) Quais são os principais métodos de custeio existentes no mercado?

2) Quais questões devem ser feitas pelos gestores na escolha dos métodos a serem implantados em suas empresas?

Para saber mais

Os profissionais, os pesquisadores e os estudantes que desejarem saber mais sobre o contexto geral dos métodos de custeio, de forma a identificar suas principais funções e contribuições, podem consultar o livro apresentado a seguir. Trata-se de uma importante leitura para complementar o entendimento dos métodos de custeio em suas abordagens comparativas, pois relaciona as principais características dos métodos de custeio apresentados (por absorção, ABC e direto).

ELDENBURG, L. G.; WOLCOTT, S. K. **Gestão de custos**: como medir, monitorar e motivar o desempenho. Rio de Janeiro: LTC, 2007.

capítulo 5

Custeio por absorção

Conteúdos do capítulo

- » Apresentação geral do método de custeio por absorção.
- » Custos diretos.
- » Custos indiretos de fabricação.
- » Formas de rateio.
- » Métodos de transferência.
- » Custo unitário do produto.
- » Centros de custos.

Após o estudo deste capítulo, você será capaz de:

» identificar as principais características dos métodos de custeio por absorção;
» identificar critérios e cálculos de rateio;
» identificar os vários métodos de transferência dos centros de custos auxiliares para os centros de custos produtivos;
» calcular o custo unitário do produto;
» calcular o resultado do exercício por meio do custeio por absorção.

Neste capítulo, iremos apresentar as principais características do método por absorção, com o objetivo de propiciar o pleno entendimento do contexto geral desse método, bem como identificar suas principais funções, limitações e etapas para sua efetiva operacionalização.

5.1
Contexto geral do método por absorção

O método de custeio por absorção apresenta uma inteligente sistemática que sugere que os produtos ou serviços consumam os custos diretos e indiretos até se transformarem em serviços prestados ou produtos acabados, podendo, então, serem efetivados como custo unitário, que serve como base para a mensuração dos estoques (no caso de produção de bens). Observe o exemplo exposto na figura a seguir.

Figura 5.1 – Processo de consumo de custos pelo método por absorção

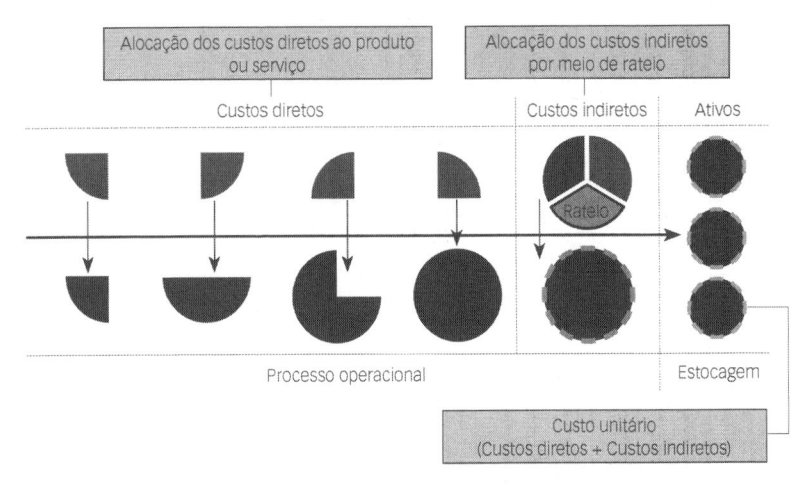

Conforme observado na figura anterior, os custos diretos no método de custeio por absorção são alocados diretamente aos produtos e aos serviços; os custos indiretos, por sua vez, são alocados aos produtos e aos serviços por meio de rateio, sendo, ao final, somados os custos diretos e os custos indiretos, apresentando, dessa forma, o custo unitário do produto ou do serviço, que servirá para mensurar o valor dos estoques (ativos) no caso dos produtos.

Vale ressaltar que, no custeio por absorção, somente os custos são alocados aos produtos e serviços, sendo as despesas gastos da administração, conforme podemos observar no capítulo referente aos tipos de gastos e na figura a seguir.

Figura 5.2 – Sistemática do custeio por absorção

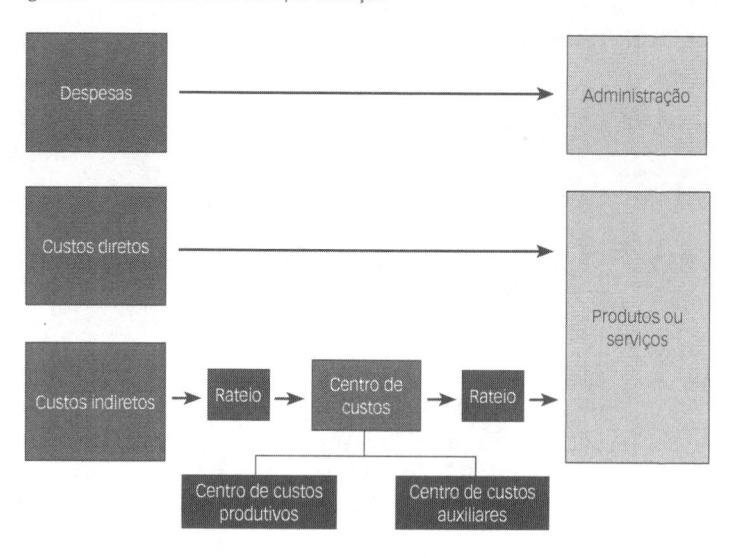

[Diagrama: Despesas → Administração; Custos diretos → Produtos ou serviços; Custos indiretos → Rateio → Centro de custos → Rateio → Produtos ou serviços. Centro de custos subdivide-se em Centro de custos produtivos e Centro de custos auxiliares.]

Fonte: Elaborado com base em Souza; Clemente, 2007, p. 68.

Dessa forma, o método de custeio por absorção obedece à seguinte sequência operacional:

- » separação dos custos e despesas;
- » identificação dos custos diretos e indiretos;
- » alocação dos custos diretos aos produtos e/ou aos serviços;
- » determinação de critérios de rateio para a alocação dos custos indiretos aos centros de custos auxiliares e produtivos;
- » alocação dos custos indiretos aos centros de custos (auxiliares e produtivos);
- » transferência dos saldos dos centros de custos auxiliares para os centros de custos produtivos por meio de métodos de transferência;
- » transferência dos centros de custos produtivos aos produtos e aos serviços;
- » apuração do custo unitário dos produtos acabados;
- » mensuração do valor dos estoques (ativos);

» apuração do custo do produto vendido;
» apuração do resultado (conforme estrutura da demonstração do resultado do exercício).

Observe, nas próximas seções, o contexto geral de cada etapa do custeio por absorção.

5.1.1
Etapas do custeio por absorção

Conforme apresentado anteriormente, o método de custeio por absorção pode ser mais bem compreendido por meio da análise de suas etapas, que, em geral, desdobram-se em onze. Essas etapas, examinadas na sequência, compreendem desde a classificação dos custos até suas respectivas mensuração e demonstração de resultados.

5.1.1.1
Separação dos custos e despesas

Conforme vimos no Capítulo 2, os custos são os gastos destinados aos eventos operacionais, e as despesas, por sua vez, são os gastos destinados aos eventos administrativos da empresa. Para operacionalizar a separação entre os custos e as despesas, é necessário que a empresa apresente uma separação primária dessas duas atividades, o que caracteriza um evento complexo, principalmente em organizações prestadoras de serviços, nas quais é comum as atividades operacionais e administrativas serem feitas pelos mesmos colaboradores.

Tal complexidade é devida à estruturação não clara da empresa em atividades operacionais e administrativas. Nesse caso, a separação da remuneração do consultor/administrador deverá ser rateada entre os custos e as despesas, sendo sua separação justificada em notas explicativas nas demonstrações financeiras, a fim de evidenciar e alinhar a realidade da empresa com suas demonstrações.

Pergunta & resposta

O entendimento teórico das diferenças entre custos e despesas é bastante claro, mas como é essa separação nas empresas?

Conforme explanado anteriormente, a separação dos custos e das despesas pode ser um instigante desafio às empresas. Isso pode ocorrer em uma empresa cuja atividade e/ou estrutura apresente semelhança ou compartilhamento de ativos, colaboradores e tecnologias entre as atividades operacionais e administrativas.

!!!

Dessa forma, para efetivar uma correta separação dos custos e das despesas, é necessário que o gestor apresente *expertise* nos negócios da empresa, conheça muito bem sua estrutura e, principalmente, compreenda plenamente as abordagens teóricas de custos e despesas, evitando complicações na elaboração e análise da sua estrutura de custos e de suas demonstrações financeiras.

5.1.1.2
Identificação dos custos diretos e indiretos

Diferentemente da complexidade da separação dos custos e das despesas, a separação dos custos diretos e indiretos se apresenta, operacionalmente, com menor margem de erros. Isso ocorre em razão da percepção clara e objetiva da alocação dos custos, que, ao serem empregados diretamente nos produtos e serviços, são considerados custos diretos (conforme observado na tipologia dos gastos). No entanto, caso seja necessária a utilização de rateios para a alocação dos custos aos produtos ou serviços, o gestor estará diante de custos indiretos.

5.1.1.3
Alocação dos custos diretos aos produtos e/ou serviços

A alocação dos custos diretos aos produtos e serviços é uma tarefa bastante simplificada, desde que a empresa tenha uma estrutura de processos operacionais desenvolvida para a percepção da alocação direta dos custos aos produtos e serviços. Embora essa etapa seja considerada operacionalmente bastante simples, ela é de extrema importância, pois a não percepção de um custo como direto pode conduzir a um processo de rateio desnecessário, levando à alocação de custos diretos de forma indireta, aumentando o custo de determinados produtos ou serviços e diminuindo o custo unitário de outros tipos de produtos ou serviços.

5.1.1.4
Determinação de critérios de rateios para a alocação dos custos indiretos aos centros de custos auxiliares e produtivos

Após a identificação dos custos indiretos (realizada na segunda etapa), é necessário estabelecer critérios de rateio que possibilitem a alocação dos custos indiretos aos centros de custos auxiliares e produtivos. Porém, antes de definir algumas formas de escolha de critérios de rateio, é necessário que você saiba exatamente o que são centros de custos e qual é a diferença entre centros de custos auxiliares e produtivos. Observe a seguinte definição:

Centros de custos: Originário das grandes corporações americanas, os centros de custos são as representações departamentais de uma empresa, sendo relacionados em categorias identificadas por códigos que possibilitam separar e analisar os gastos de cada departamento ou atividade da empresa. Sendo assim, cada centro de custo representa um departamento, uma divisão, uma seção ou uma atividade da empresa. Observe um exemplo de organização de centros de custos por departamentos:

0001 – Superintendência
0002 – Diretoria operacional
0003 – Departamento operacional
0004 – Seção de soldagem
0005 – Seção de acabamento
0006 – Seção de pintura
0007 – Seção de embalagem
0008 – Seção de transporte
0009 – Seção de manutenção

Dessa forma, todo gasto referente a qualquer um dos departamentos relacionados anteriormente pode ser alocado ao seu respectivo responsável, possibilitando perceber qual é o custo de cada departamento ou seção da empresa.

Pergunta & resposta

Mas, afinal, qual é a diferença entre centros de custos produtivos e auxiliares?

Os centros de custos produtivos são todos os departamentos, tidas as seções ou as atividades que estão diretamente relacionados à produção de bens ou serviços. Por exemplo: seção de soldagem, seção de pintura, seção de montagem, seção de embalagem, entre outras.

Já os centros de custos auxiliares são todos os departamentos, todas as seções ou as atividades que não apresentam relação direta com os bens ou serviços, mas que são de extrema importância para sua operacionalização. Por exemplo: seção de manutenção, seção de limpeza, seção de conservação, entre outras.

!!!

Agora que você compreende o contexto geral dos centros de custos auxiliares e produtivos, podemos apresentar a importância da escolha de critérios de rateios para a alocação dos custos indiretos nas empresas. Nesse sentido, vale destacarmos que o pleno conhecimento da estrutura é dos contratos, dos processos, dos produtos e dos serviços da empresa é extremamente importante para a escolha de um justo critério de rateio, que tem como objetivo principal estabelecer uma "norma" de separação dos custos indiretos entre os centros de custos, evitando a alocação de custos aos departamentos e às seções de forma equivocada. Observe alguns exemplos de critérios de rateio utilizados no mercado:

» quantidade produzida;
» quantidade vendida;
» horas/homem consumidas;
» espaço físico;
» quantidade de equipamentos;
» quantidade de colaboradores.

É importante ressaltarmos que a escolha de um critério de rateio deve ser, em sua primeira vez, bem refletida, pois sua alteração durante o período de operação da empresa impossibilita a comparabilidade entre períodos diferentes, impedindo a análise entre períodos diferentes em uma série temporal.

Alocação dos custos indiretos aos centros de custos (auxiliares e produtivos)

A alocação dos custos indiretos aos centros de custos auxiliares e produtivos se dá por meio da utilização de critérios de rateio, que tem como objetivo distribuir, de forma justa, os valores referentes aos custos indiretos a serem alocados.

A alocação se dá por meio da mensuração quantitativa dos critérios adotados, conforme o exemplo que se segue:

Custo indireto a ser rateado: energia elétrica = R$ 3.000,00

Departamentos consumidores de energia elétrica: Departamento de Corte; Departamento de Costura; Departamento de Montagem; Departamento de Embalagem; Departamento de Manutenção; Departamento de Limpeza e Conservação.

Centro de custos:
- 0021 – Departamento de Manutenção
- 0022 – Departamento de Limpeza e Conservação
- 0033 – Departamento de Corte
- 0034 – Departamento de Costura
- 0035 – Departamento de Montagem
- 0036 – Departamento de Embalagem

Identificação de centros produtivos e auxiliares: Na relação demonstrada, os centros de custos auxiliares têm sua dezena iniciada em 2 e os centros de custos produtivos têm sua dezena iniciada em 3. Assim, temos a seguinte distribuição entre centros auxiliares e produtivos:

- **Centros auxiliares:** 0021 – Departamento de Manutenção; 0022 – Departamento de Limpeza e Conservação.
- **Centros produtivos:** 0033 – Departamento de Corte; 0034 – Departamento de Costura; 0035 – Departamento de Montagem; 0036 – Departamento de Embalagem.

Critério de rateio determinado: espaço físico

Espaço físico de cada departamento:

» 0021 – Departamento de Manutenção – 28 m²
» 0022 – Departamento de Limpeza e Conservação – 5 m²
» 0033 – Departamento de Corte – 12 m²
» 0034 – Departamento de Costura – 40 m²
» 0035 – Departamento de Montagem – 22 m²
» 0036 – Departamento de Embalagem – 8 m²
» Total da área dos departamentos = 115 m²

II – DISTRIBUIÇÃO DOS CUSTOS INDIRETOS PARA OS CENTROS DE CUSTOS

Distribuição entre os centros de custos (auxiliares e produtivos):

» Centro de custo 0021 – 28 m²/115 m² = 24,4% · R$ 3.000,00 = R$ 732,00
» Centro de custo 0022 – 5 m²/115 m² = 4,3% · R$ 3.000,00 = R$ 129,00
» Centro de custo 0033 – 12 m²/115 m² = 10,4% · R$ 3.000,00 = R$ 312,00
» Centro de custo 0034 – 40 m²/115 m² = 34,8% · R$ 3.000,00 = R$ 1.044,00
» Centro de custo 0035 – 22 m²/115 m² = 19,1% · R$ 3.000,00 = R$ 573,00
» Centro de custo 0036 – 8 m²/115 m² = 7,0% · R$ 3.000,00 = R$ 210,00

Distribuição entre os tipos de centros de custos (auxiliares e produtivos):

» Centros de custos auxiliares (0021 + 0022) = R$ 861,00
» Centros de custos produtivos (0033 + 0034 + 0035 + 0036) = R$ 2.139,00

Ao analisarmos o caso apresentado, percebemos a

separação da empresa em **centros de custos auxiliares e centros de custos produtivos**, que estão separados por códigos cuja inicial tem o objetivo de identificar e classificar os centros por suas características. Após essa análise e classificação inicial, partimos para a distribuição de um determinado custo indireto (energia elétrica) entre os centros por meio do critério de rateio (espaço físico).

Após a mensuração do espaço de cada centro de custos, podemos alocar os respectivos valores do custo indireto em cada um dos centros de custos, sendo possível, ao final, mensurar o valor correspondente aos centros auxiliares (R$ 861,00) e o valor correspondente aos centros produtivos (R$ 2.139,00).

5.1.1.6
Transferência dos saldos dos centros de custos auxiliares para os centros de custos produtivos

A alocação dos custos indiretos aos centros de custos produtivos e auxiliares (observada no item anterior) habilita a próxima etapa, que aborda a transferência dos custos indiretos dos centros de custos auxiliares para os centros de custos produtivos. Esse procedimento, denominado *transferência*, é necessário pois os centros de custos auxiliares não apresentam relação direta com os produtos ou serviços, o que impossibilita a alocação daqueles aos produtos ou serviços. Nesse caso, a solução adotada é que todos os valores alocados aos centros de custos auxiliares devem ser transferidos para os centros de custos produtivos. Essa transferência é realizada por meio dos **métodos de transferência**, que apresentam três formas distintas: **método gradativo** (*step by step*), **método direto e método recíproco**. Observe a seguir o contexto geral e a forma de cálculo de cada um dos métodos de transferência apresentados (Souza; Clemente, 2008).

O **método gradativo**, assim como os demais, tem o

objetivo de transferir os custos indiretos referentes aos centros de custos auxiliares para os centros de custos produtivos. Segundo Souza e Clemente (2008), trata-se do método mais utilizado pelas organizações, pois sugere uma melhor avaliação do desempenho dos processos produtivos. Para isso, é utilizada uma metodologia que organiza os centros de custos da esquerda para a direita, encontrando-se primeiro os centros auxiliares e posteriormente os centros produtivos (em sua ordem de processo), como demonstrado na Figura 5.3.

Figura 5.3 – Organização dos centros auxiliares e produtivos

Centro auxiliar A	Centro auxiliar B	Centro produtivo A	Centro produtivo B

Após essa organização, os custos indiretos são transferidos da esquerda para a direita, iniciando, dessa forma, a eliminação dos centros auxiliares, como você pode observar na Figura 5.4.

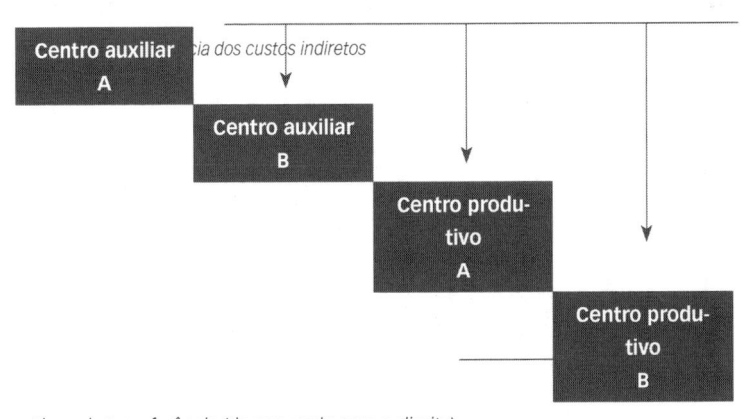

Fluxo da transferência (da esquerda para a direita)

Ao final do processo de transferência, todos os custos

indiretos originários nos centros auxiliares estarão alocados aos centros produtivos. Essa transferência ocorre por meio de critérios de rateio. Observe no exemplo que se segue.

Determinada empresa conta com dois centros de custos auxiliares (A e B) e dois centros de custos produtivos (A e B), incorrendo nos seguintes custos indiretos (A e B):

Tabela 5.1 – Custos indiretos de fabricação (CIF) da empresa

CIF	Total	Centro auxiliar A	Centro auxiliar B	Centro produtivo A	Centro produtivo B
CIF A	R$ 1.000,00	R$ 200,00	R$ 150,00	R$ 400,00	R$ 250,00
CIF B	R$ 2.000,00	R$ 345,00	R$ 450,00	R$ 675,00	R$ 530,00
Total por centro de custo		R$ 545,00	R$ 600,00	R$ 1.075,00	R$ 780,00

O critério de rateio dos custos indiretos será o número de funcionários (30), que pode ser observado na Tabela 5.2, separados pelos centros de custos (auxiliares e produtivos) da seguinte forma:

Centro auxiliar A – 3 colaboradores
Centro auxiliar B – 7 colaboradores
Centro produtivo A – 10 colaboradores
Centro produtivo B – 10 colaboradores

Após essa identificação, a equivalência de funcionários[1] dos centros de custos auxiliares é transferida aos centros de custos produtivos em duas etapas. A primeira corresponde à transferência do centro de custo auxiliar A para todos os demais à sua direita, chegando ao seguinte resultado:

Centro auxiliar B – 0,26
Centro produtivo A – 0,37
Centro produtivo B – 0,37

---

1 Trata-se da proporção do número de funcionários do centro de custo com relação ao total (número de funcionários do centro de custo/total de funcionários).

Na segunda etapa, o percentual referente ao centro de custo auxiliar B é que deve ser transferido aos demais à sua direita, chegando ao seguinte resultado:

Centro produtivo A – 0,50

Centro produtivo B – 0,50

Dessa forma, é possível perceber a transferência dos percentuais (nesse caso de funcionários) de cada um dos centros de custos auxiliares para os centros de custos produtivos.

Tabela 5.2 – Critério de rateio de custos

Critério de rateio	Total	Centro auxiliar A	Centro auxiliar B	Centro produtivo A	Centro produtivo B
Nº de funcionários	30	3	7	10	10
Equivalência (parte/total)	30	0	0,26	0,37	0,37
Do centro auxiliar para os demais			= 7/27	= 10/27	= 10/27
Equivalência (parte/total)	30	0	0	0,50	0,50
Do centro auxiliar B para os demais				= 10/20	= 10/20

Após os cálculos percentuais do rateio, é preciso transferir todos os valores referente aos centros de custos auxiliares para os centros de custos produtivos. Observe:

Tabela 5.3 – Transferência dos valores dos centros dos custos auxiliares para os produtivos

Critério de rateio	Total	Centro auxiliar A	Centro auxiliar B	Centro produtivo A	Centro produtivo B
Centro auxiliar A	R$ 545,00	0	R$ 141,30	R$ 201,85	R$ 201,85
Centro auxiliar B	R$ 741,30	0	0	R$ 370,65	R$ 370,65
= 600 + 141,30	Total do centro auxiliar B + Rateio do centro auxiliar A				

(continua)

(Tabela 5.3 – conclusão)

CIF A	R$ 1.000,00	R$ 200,00	R$ 150,00	R$ 400,00	R$ 250,00
CIF B	R$ 2.000,00	R$ 345,00	R$ 450,00	R$ 675,00	R$ 530,00
Total por centro de custo	R$ 3.000,00	R$ 545,00	R$ 600,00	R$ 1.075,00	R$ 780,00
		R$ 545,00	R$ 141,30	R$ 201,85	R$ 201,85
			0	R$ 370,65	R$ 370,65

Após a transferência dos custos indiretos de fabricação dos centros auxiliares para os centros de produção, teríamos o seguinte cenário:

Tabela 5.4 – Resultado da transferência dos valores dos centros auxiliares para o centro de produção

Critério de rateio	Centro produtivo A	Centro produtivo B
Valor do CIF original do centro de custo	R$ 1.075,00	R$ 780,00
Valor dos CIFs transferidos	R$ 572,50	R$ 572,50
Total de CIFs por centro de custo	R$ 1.647,50	R$ 1.352,50

O método de transferência direto, por sua vez, tem o objetivo de monitorar o custo unitário de produção. Trata-se de um processo mais simples de transferência, pois não considera a transferência dos centros auxiliares entre eles, apenas diretamente aos centros produtivos, como exposto na figura a seguir.

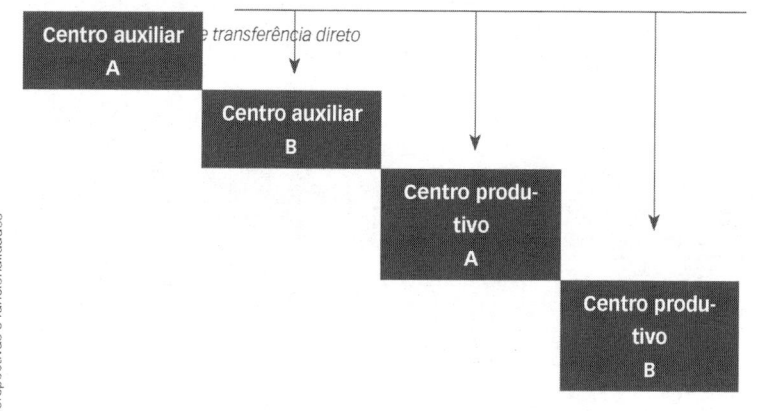

Centro auxiliar A → transferência direto

Centro auxiliar B

Centro produtivo A

Centro produtivo B

Após essa organização, os custos indiretos dos centros auxiliares são transferidos diretamente aos centros produtivos.

Utilizando o exemplo do método gradativo, determinada empresa conta com dois centros de custos auxiliares (A e B) e dois centros de custos produtivos (A e B), incorrendo nos seguintes custos indiretos (A e B):

Tabela 5.5 – Custos indiretos da empresa

CIF	Total	Centro auxiliar A	Centro auxiliar B	Centro produtivo A	Centro produtivo B
CIF A	R$ 1.000,00	R$ 200,00	R$ 150,00	R$ 400,00	R$ 250,00
CIF B	R$ 2.000,00	R$ 345,00	R$ 450,00	R$ 675,00	R$ 530,00
Total por centro de custo		R$ 545,00	R$ 600,00	R$ 1.075,00	R$ 780,00

O critério de rateio dos custos indiretos será o número de funcionários, conforme transferência apresentada na Tabela 5.2. Os centros produtivos agora apresentam a proporção de 50% para cada (A e B), como você pode observar na tabela a seguir.

Tabela 5.6 – Rateio dos custos indiretos

Critério de rateio	Total	Centro auxiliar A	Centro auxiliar B	Centro produtivo A	Centro produtivo B
Nº de funcionários	30	3	7	10	10
Equivalência (parte/total)	30	0	0	0,50	0,50
Do centro auxiliar A e B para os centros produtivos				= 10/20	= 10/20

Após os cálculos percentuais do rateio, deve-se transferir todos os valores referentes aos centros de custos auxiliares para aos centros de custos produtivos. Observe na tabela a seguir.

Tabela 5.7 – Transferência dos valores dos centros auxiliares para o de custos

CIF A	R$ 1.000,00	R$ 200,00	R$ 150,00	R$ 400,00	R$ 250,00
CIF B	R$ 2.000,00	R$ 345,00	R$ 450,00	R$ 675,00	R$ 530,00
Total por centro de custo	R$ 3.000,00	R$ 545,00	R$ 600,00	R$ 1.075,00	R$ 780,00
			R$ 1.145,00		
			Total dos CIFs dos centros auxiliares	Valor transferido aos centros produtivos	
				R$ 572,50	R$ 572,50

Após a transferência dos custos indiretos de fabricação dos centros auxiliares para os centros de produção pelo método direto, temos o seguinte cenário:

Tabela 5.8 – Resultado da transferência dos custos indiretos de fabricação dos centros auxiliares para o centro de produção

Critério de rateio	Centro Produtivo A	Centro Produtivo B
Valor do CIF original do centro de custo	R$ 1.075,00	R$ 780,00
Valor dos CIFs transferidos	R$ 572,50	R$ 572,50
Total de CIFs por centro de custo	R$ 1.647,50	R$ 1.352,50

O método de transferência recíproco é o método mais complexo de todos, pois pressupõe que todos os centros auxiliares e os centros produtivos sejam distribuidores e receptores de CIFs. Segundo Souza e Clemente (2008), trata-se do método mais adequado, uma vez que admite que os centros auxiliares prestem serviços a si mesmos e a qualquer outro centro auxiliar ou produtivo. Nesse caso, o número de interações depende dos coeficientes de rateio.

Figura 5.6 – Método recíproco de transferência

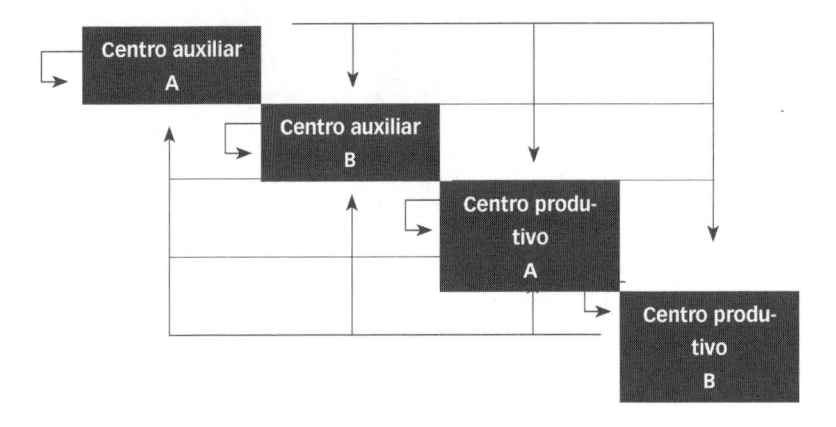

```
Centro auxiliar A
   → Centro auxiliar B
        → Centro produtivo A
             → Centro produtivo B
```

Feita essa organização, os custos indiretos dos centros auxiliares são transferidos aos centros produtivos após o mapeamento de todas as interações entre os centros de custos.

Utilizando o mesmo exemplo anterior, determinada empresa conta com dois centros de custos auxiliares (A e B) e dois centros de custos produtivos (A e B), incorrendo nos seguintes custos indiretos (A e B):

Tabela 5.9 – Custos indiretos da empresa

CIF	Total	Centro auxiliar A	Centro auxiliar B	Centro produtivo A	Centro produtivo B
CIF A	R$ 1.000,00	R$ 200,00	R$ 150,00	R$ 400,00	R$ 400,00
CIF B	R$ 2.000,00	R$ 345,00	R$ 450,00	R$ 675,00	R$ 530,00
Total por centro de custo		R$ 545,00	R$ 600,00	R$ 1.075,00	R$ 780,00

O critério de rateio dos custos indiretos será o número de funcionários. Dessa forma, devemos identificar na estrutura dos centros de custos qual é a proporção de funcionários do centro em relação ao total da empresa. Para isso, basta dividir o número de funcionários do centro de custo pelo total da empresa, conforme você pode observar na tabela a seguir.

Tabela 5.10 – Critérios de rateio dos custos indiretos

Critério de rateio	Total	Centro auxiliar A	Centro auxiliar B	Centro produtivo A	Centro produtivo B
Nº de funcionários	30	3	7	10	10
Equivalência (parte/total)	30	0,10	0,23	0,33	0,33
		= 3/30	= 7/30	= 10/30	= 10/30

Após os cálculos percentuais do rateio, deve-se calcular o valor referente a cada um dos centros de custos (CA e CP). Veja:

Tabela 5.11 – Cálculo de percentual de rateio

CIF A	R$ 1.000,00	R$ 100,00	R$ 233,33	R$ 333,33	R$ 333,33
CIF B	R$ 2.000,00	R$ 200,00	R$ 466,67	R$ 666,67	R$ 666,67
Total por centro de custo	R$ 3.000,00	R$ 300,00	R$ 700,00	R$ 1.000,00	R$ 1.000,00

Veja a evolução da transferência para os centros produtivos:

Tabela 5.12 – Os 12 passos da transferência de valores para os centros produtivos

	Centro de custo	Total	Centro auxiliar A	Centro auxiliar B	Centro produtivo A	Centro produtivo B
1	CA – A	R$ 300,00	R$ 30,00	R$ 70,00	R$ 100,00	R$ 100,00
	CA – B	R$ 700,00	R$ 70,00	R$ 163,33	R$ 233,33	R$ 233,33
	CP – A	R$ 1.000,00				
	CP – B	R$ 1.000,00				
	Total por centro de custo	R$ 3.000,00	R$ 100,00	R$ 233,33	R$ 333,33	R$ 333,33

	Centro de custo	Total	Centro auxiliar A	Centro auxiliar B	Centro produtivo A	Centro produtivo B
2	CA – A	R$ 100,00	R$ 10,00	R$ 23,33	R$ 33,33	R$ 33,33
	CA – B	R$ 233,33	R$ 23,33	R$ 54,44	R$ 77,78	R$ 77,78
	CP – A	R$ 1.333,33				
	CP – B	R$ 1.333,33				
	Total por centro de custo	R$ 3.000,00	R$ 33,33	R$ 77,78	R$ 111,11	R$ 111,11

(continua)

(Tabela 5.12 – continuação)

3

Centro de custo	Total	Centro auxiliar A	Centro auxiliar B	Centro produtivo A	Centro produtivo B
CA – A	R$ 33,33	R$ 3,33	R$ 7,78	R$ 11,11	R$ 11,11
CA – B	R$ 77,78	R$ 7,78	R$ 18,15	R$ 25,93	R$ 25,93
CP – A	R$ 1.444,44				
CP – B	R$ 1.444,44				
Total por centro de custo	R$ 3.000,00	R$ 11,11	R$ 25,93	R$ 37,04	R$ 37,04

4

Centro de custo	Total	Centro auxiliar A	Centro auxiliar B	Centro produtivo A	Centro produtivo B
CA – A	R$ 11,11	R$ 1,11	R$ 2,59	R$ 3,70	R$ 3,70
CA – B	R$ 25,93	R$ 2,59	R$ 6,05	R$ 8,64	R$ 8,64
CP – A	R$ 1.481,48				
CP – B	R$ 1.481,48				
Total por centro de custo	R$ 3.000,00	R$ 3,70	R$ 8,64	R$ 12,35	R$ 12,35

5

Centro de custo	Total	Centro auxiliar A	Centro auxiliar B	Centro produtivo A	Centro produtivo B
CA – A	R$ 3,70	R$ 0,37	R$ 0,86	R$ 1,23	R$ 1,23
CA – B	R$ 8,64	R$ 0,86	R$ 2,02	R$ 2,88	R$ 2,88
CP – A	R$ 1.493,83				
CP – B	R$ 1.493,83				
Total por centro de custo	R$ 3.000,00	R$ 1,23	R$ 2,88	R$ 4,12	R$ 4,12

6

Centro de custo	Total	Centro auxiliar A	Centro auxiliar B	Centro produtivo A	Centro produtivo B
CA – A	R$ 1,23	R$ 0,12	R$ 0,29	R$ 0,41	R$ 0,41
CA – B	R$ 2,88	R$ 0,29	R$ 0,67	R$ 0,96	R$ 0,96
CP – A	R$ 1.497,94				
CP – B	R$ 1.497,94				
Total por centro de custo	R$ 3.000,00	R$ 0,41	R$ 0,96	R$ 1,37	R$ 1,37

(Tabela 5.12 – continuação)

7

Centro de custo	Total	Centro auxiliar A	Centro auxiliar B	Centro produtivo A	Centro produtivo B
CA – A	R$ 0,41	R$ 0,04	R$ 0,10	R$ 0,14	R$ 0,14
CA – B	R$ 0,96	R$ 0,10	R$ 0,22	R$ 0,32	R$ 0,32
CP – A	R$ 1.499,31				
CP – B	R$ 1.499,31				
Total por centro de custo	R$ 3.000,00	R$ 0,14	R$ 0,32	R$ 0,46	R$ 0,46

8

Centro de custo	Total	Centro auxiliar A	Centro auxiliar B	Centro produtivo A	Centro produtivo B
CA – A	R$ 0,14	R$ 0,01	R$ 0,03	R$ 0,05	R$ 0,05
CA – B	R$ 0,32	R$ 0,03	R$ 0,07	R$ 0,11	R$ 0,11
CP – A	R$ 1.499,77				
CP – B	R$ 1.499,77				
Total por centro de custo	R$ 3.000,00	R$ 0,05	R$ 0,11	R$ 0,15	R$ 0,15

9

Centro de custo	Total	Centro auxiliar A	Centro auxiliar B	Centro produtivo A	Centro produtivo B
CA – A	R$ 0,05	R$ 0,00	R$ 0,01	R$ 0,02	R$ 0,02
CA – B	R$ 0,11	R$ 0,01	R$ 0,02	R$ 0,04	R$ 0,04
CP – A	R$ 1.499,92				
CP – B	R$ 1.499,92				
Total por centro de custo	R$ 3.000,00	R$ 0,02	R$ 0,04	R$ 0,05	R$ 0,05

10

Centro de custo	Total	Centro auxiliar A	Centro auxiliar B	Centro produtivo A	Centro produtivo B
CA – A	R$ 0,02	R$ 0,00	R$ 0,00	R$ 0,01	R$ 0,01
CA – B	R$ 0,04	R$ 0,00	R$ 0,01	R$ 0,01	R$ 0,01
CP – A	R$ 1.499,97				
CP – B	R$ 1.499,97				
Total por centro de custo	R$ 3.000,00	R$ 0,01	R$ 0,01	R$ 0,02	R$ 0,02

(Tabela 5.12 – conclusão)

	Centro de custo	Total	Centro auxiliar A	Centro auxiliar B	Centro produtivo A	Centro produtivo B
11	CA – A	R$ 0,01	R$ 0,00	R$ 0,00	R$ 0,00	R$ 0,00
	CA – B	R$ 0,01	R$ 0,00	R$ 0,00	R$ 0,00	R$ 0,00
	CP – A	R$ 1.499,99				
	CP – B	R$ 1.499,99				
	Total por centro de custo	R$ 3.000,00	R$ 0,00	R$ 0,00	R$ 0,01	R$ 0,01

	Centro de custo	Total	Centro auxiliar A	Centro auxiliar B	Centro produtivo A	Centro produtivo B
12	CA – A	R$ 0,00	R$ -	R$ -	R$ -	R$ -
	CA – B	R$ 0,00	R$ -	R$ -	R$ -	R$ -
	CP – A	R$ 1.500,00				
	CP – B	R$ 1.500,00				
	Total por centro de custo	R$ 3.000,00	R$ -	R$ -	R$ -	R$ -

Após as 12 interações apresentadas, todos os custos indiretos dos centros auxiliares foram transferidos aos centros produtivos. Ao final, temos o seguinte saldo dos centros produtivos:

Tabela 5.13 – Saldo dos centros produtivos após transferência de valores dos centros auxiliares

Critério de rateio	Centro produtivo A	Centro produtivo B
Valor do CIF original do centro de custo	R$ 1.000,00	R$ 1.000,00
Valor dos CIFs transferidos	R$ 500,00	R$ 500,00
Total do CIF por centro de custo	R$ 1.500,00	R$ 1.500,00

Agora que você já observou os três tipos de métodos de transferência, podemos estabelecer uma comparação entre eles, segundo o raciocínio de Souza e Clemente (2008):

» **Método gradativo** – Inicia-se na identificação e na organização dos centros auxiliares e dos centros produtivos, do mais genérico ao mais específico, sendo os custos transferidos da esquerda para a direita e, ao final do processo, todos os custos auxiliares devem estar alocados aos centros produtivos. Trata-se de um método bastante utilizado, devido à sua estrutura de fácil entendimento e à possibilidade de gerar informações para a análise do processo de produção.

» **Método direto** – Nesse caso, os custos indiretos são transferidos diretamente dos centros auxiliares para os centros produtivos. É um método bastante utilizado em pequenas e médias empresas, que têm como objetivo principal a mensuração do custo unitário de seus produtos e/ou serviços.

» **Método recíproco** – Esse método sugere que todos os centros de custos (CA e CP) apresentam relação entre si (interna e externamente). Sendo assim, os custos indiretos são rateados por meio de vários tratamentos de rateio. Consiste em um método teórico bastante interessante, mas, apesar disso, parece necessitar de uma análise e estrutura de custos bastante definidas e claras.

5.1.1.7
Transferência dos centros de custos produtivos aos produtos e serviços

Agora que os custos indiretos dos centros de custos auxiliares já se apresentam transferidos aos centros de custos operacionais, é necessário passar para a próxima etapa, que trata da transferência dos custos indiretos dos centros de custos produtivos aos produtos ou serviços da empresa. Para isso, será necessário fazer novos rateios, que deverão estabelecer a justa distribuição dos custos indiretos entre os produtos ou serviços. Observe o exemplo a seguir.

I – PROCESSO DE TRANSFERÊNCIA E RATEIO

Centros de custos produtivos (com custos indiretos de centros de custos auxiliares transferidos):

Centros de custos auxiliares (0021 + 0022) = R$ 861,00/4 = R$ 215,25 (valor arbitrário)

» Centro de custo 0033 = R$ 312,00 + R$ 215,25 (transferido) = R$ 527,25

» Centro de custo 0034 = R$ 1.044,00 + R$ 215,25 (transferido) = R$ 1.259,50

» Centro de custo 0035 = R$ 573,00 + R$ 215,25 (transferido) = R$ 788,25

» Centro de custo 0036 = R$ 210,00 + R$ 215,25 (transferido) = R$ 425,25

Mix de produtos da empresa e quantidades produzidas:

» Produto A = 450 unidades
» Produto B = 300 unidades
» Quantidade produzida total (A + B) = 750 unidades

Critério de rateio utilizado:

» Centro de custo 0033, 0034 e 0035: quantidade produzida
» Centro de custo 0036: divisão em partes iguais

Distribuição dos custos indiretos entre os produtos por centro de custo (CC) e critérios de rateio:

» CC (0033 + 0034 + 0035) = R$ 2.575,00

Produto A = 450/750 = 60% · R$ 2.575,00 = R$ 1.545,00
Produto B = 300/750 = 40% · R$ 2.575,00 = R$ 1.030,00

» CC (0036) = R$ 425,25

Produto A = 50% · R$ 425,25 = R$ 212,62
Produto B = 50% · R$ 425,25 = R$ 212,63

Resultado da distribuição dos custos indiretos dos centros de custos aos produtos:

Produto A = R$ 1.545,00 + R$ 212,62 = R$ 1.757,62
Produto B = R$ 1.030,00 + R$ 212,62 = R$ 1.242,62

5.1.1.8
Apuração do custo unitário dos produtos acabados

A apuração do custo unitário dos produtos e/ou serviços é uma das principais informações oriundas do método por absorção. Esse custo é formado pela alocação dos custos diretos e indiretos aos produtos e serviços, dividindo-os pela quantidade produzida ou prestada. Observe na figura a seguir.

Figura 5.7 – Equação do custo unitário pelo método de absorção

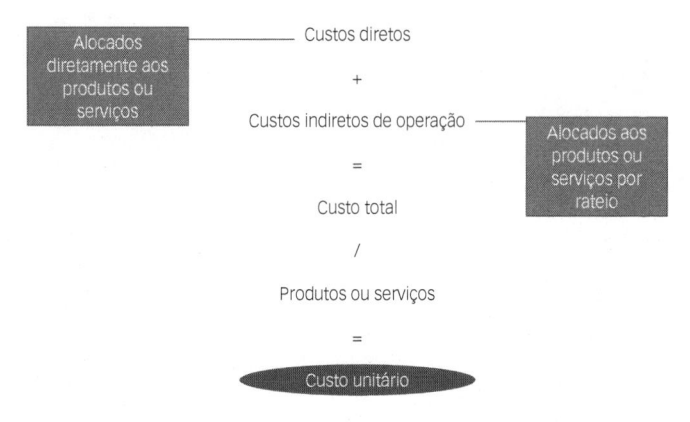

Alocados diretamente aos produtos ou serviços ────── Custos diretos

\+

Custos indiretos de operação ────── Alocados aos produtos ou serviços por rateio

=

Custo total

/

Produtos ou serviços

=

Custo unitário

5.1.1.9
Mensuração do valor dos estoques (ativos)

Este item é utilizado apenas em empresas de comércio ou produção, sendo descartado em empresas prestadoras de serviços em virtude da ausência de estoques. Nesse contexto, a administração de estoques está diretamente ligada às principais áreas das empresas, devendo ser considerada um importante e relevante desafio para os gestores.

Pergunta & resposta

Mas, afinal, o que são os estoques?

São os ativos tangíveis[2] produzidos ou adquiridos para venda ou consumo futuro pela empresa. Podem ser distribuídos em duas principais categorias, de acordo com Cruz, Andrich e Schier (2021):

- » *Estoques diversos* – São os recursos cujo destino é o consumo interno da empresa: materiais de expediente, materiais de consumo, entre outros.
- » *Estoques de mercadorias e matérias-primas* – São os recursos cujo destino é o processo de produção dos produtos, inclusive os produtos acabados e prontos para venda.

!!!

Após a compreensão dos tipos de estoques, vale ressaltarmos que, conforme previsto no inciso II do art. 183 da Lei nº 6.404/1976, os estoques devem ser avaliados pelo seu custo de aquisição ou produção.

Quando os estoques são mensurados pelo custo de aquisição, é interessante destacarmos que as aquisições e as produções são realizadas em tempos distintos e que estas sofrem variações em seus custos. Então, surge a pergunta:

> Qual preço unitário deve ser atribuído aos estoques na data do balanço?

Nesse sentido, é importante ressaltarmos que existem alguns métodos de controle de estoques. Acompanhe a seguir o contexto geral e a forma de cálculo de cada um dos métodos apresentados.

---

2 Ativos tangíveis são os bens de posse da empresa que são considerados concretos, isto é, podem ser tocados.

» **Ueps (último que entra, primeiro que sai)** – Não é permitido pela legislação brasileira. No Ueps (em inglês, *Lifo*: *last in, first out*), são baixados, em primeiro lugar, os materiais diretos adquiridos mais recentemente e, na sequência, os mais antigos (Perez Junior; Oliveira; Costa, 2006, p. 47).

Tabela 5.14 – Método Ueps

Data	Entrada Quantidade	Entrada Unitário	Entrada Total	Saída Quantidade	Saída Unitário	Saída Total	Saldo Quantidade	Saldo Unitário	Saldo Total
1/jul.	100	R$ 1,00	R$ 100,00				100	R$ 1,00	R$ 100,00
2/jul.	100	R$ 1,50	R$ 150,00				100	R$ 1,00	R$ 100,00
							100	R$ 1,50	R$ 150,00
3/jul.				80	R$ 1,50	R$ 120,00	100	R$ 1,00	R$ 100,00
							20	R$ 1,50	R$ 30,00
4/jul.	50	R$ 2,00	R$ 100,00				100	R$ 1,00	R$ 100,00
							20	R$ 1,50	R$ 30,00
							50	R$ 2,00	R$ 100,00
Soma	250		R$ 350,00	80		R$ 120,00	170		R$ 230,00

Ao observar a tabela anterior, você pode perceber que a saída do material em estoque foi realizada pelo último material que entrou, ou seja, pelo material de valor unitário igual a R$ 1,50.

» **Peps (primeiro que entra, primeiro que sai)** – É permitido pela legislação brasileira. No Peps (em inglês, *Fifo: first in, first out*) são baixados os produtos mais antigos no estoque e, na sequência, os materiais mais novos (Perez Junior; Oliveira; Costa, 2006, p. 47).

Tabela 5.15 – Método Peps

Data	Entrada			Saída			Saldo		
	Quant.	Unitário	Total	Quant.	Unitário	Total	Quant.	Unitário	Total
1/jul.	100	R$ 1,00	R$ 100,00				100	R$ 1,00	R$ 100,00
2/jul.	100	R$ 1,50	R$ 150,00				100	R$ 1,00	R$ 100,00
							100	R$ 1,50	R$ 150,00
3/jul.				80	R$ 1,00	R$ 80,00	20	R$ 1,00	R$ 20,00
							100	R$ 1,50	R$ 150,00
4/jul.	50	R$ 2,00	R$ 100,00				20	R$ 1,00	R$ 20,00
							100	R$ 1,50	R$ 150,00
							50	R$ 2,00	R$ 100,00
Soma	250		R$ 350,00	80		R$ 80,00	170		R$ 270,00

Observando a tabela demonstrada anteriormente, você pode perceber que a saída do material em estoque foi realizada pelo primeiro material que entrou em estoque, ou seja, pelo material de valor unitário igual a R$ 1,00.

» **MPM (média ponderada móvel)** – Também é aceito pela legislação brasileira. Nesse método, o custo a ser contabilizado representa uma média dos custos de aquisição. Por esse critério, o valor médio de cada unidade em estoque é alterado pela compra de outras unidades que entram por um preço diferente (Perez Junior; Oliveira; Costa, 2006, p. 48).

Tabela 5.16 – Método MPM

Data	Entrada			Saída			Saldo		
	Quant.	Valor Unitário	Total	Quant.	Valor Unitário	Total	Quant.	Valor Unitário	Total
1/jul.	100	R$ 1,00	R$ 100,00				100	R$ 1,00	R$ 100,00
2/jul.	100	R$ 1,50	R$ 150,00				200	R$ 1,25	R$ 250,00
3/jul.				80	R$ 1,25	R$ 100,00	120	R$ 1,25	R$ 150,00
4/jul.	50	R$ 2,00	R$ 100,00				170	R$ 1,47	R$ 250,00
Soma	250		R$ 350,00	80		R$ 100,00	170	R$ 1,47	R$ 250,00

Observando a tabela exposta anteriormente, você pode perceber que a saída do material em estoque foi realizada pelo valor unitário médio entre os produtos já em estoque, ou seja, pelo material de valor unitário igual a R$ 1,25.

5.1.1.1.10
Apuração do custo do produto vendido

Os custos dos produtos vendidos ou serviços prestados correspondem aos gastos referentes à produção de bens e serviços efetivamente vendidos no período. No caso de empresas com estoques, os custos dos produtos vendidos (conta de resultado) é a contrapartida da saída dos estoques (conta patrimonial) no caso da venda de alguma unidade de mercadoria (Cruz; Andrich; Schier, 2021), conforme a demonstração nos razonetes que se seguem:

Estoques de produtos acabados		Custo do produto vendido
R$ 10.000,00	R$ 1.000,00 →	R$ 1.000,00

O custo das mercadorias vendidas pode ser mensurado pela equação a seguir:

$$CMV = Ei + C - Ef$$

Sendo:
CMV = Custo das mercadorias vendidas
Ei = Estoques iniciais
C = Compras
Ef = Estoques finais

Tal equação se apresenta estruturada para empresas comerciais, devendo ser adaptada para a seguinte estrutura no caso de empresas industriais:

$$CPV = Ei + P - Ef$$

Sendo:
CPV = Custo dos produtos vendidos
Ei = Estoques iniciais
P = Produção
Ef = Estoques finais

A conta de custo dos produtos vendidos pode ser verificada nas demonstrações do resultado do exercício regidas pela Lei nº 6.404/1976, cuja estrutura observa a utilização do método de custeio por absorção, pois apresenta a relação da alocação dos custos diretos e indiretos para a mensuração dos estoques.

5.1.1.11
Apuração do resultado (conforme estrutura da demonstração do resultado do exercício prevista na Lei nº 6.404/1976)

A demonstração do resultado do exercício (DRE) é o relatório contábil que evidencia a apuração do resultado da organização no período de um exercício social (12 meses). Essa demonstração é regida atualmente pela Lei nº 6.404/1976, tendo como principal objetivo demonstrar a forma de construção do lucro ou do prejuízo da empresa no exercício em estudo. Para isso, a DRE é estruturada de forma que os custos e as despesas (de forma separada) sejam diminuídos das receitas, evidenciando, ao final, o resultado do exercício (Cruz; Andrich; Schier, 2021).

A estrutura da demonstração do resultado do exercício de uma empresa regida pelo lucro real pode ser observada na figura a seguir.

Figura 5.8 – Demonstração do resultado do exercício pelo lucro real

Demonstração do resultado do exercício
1 Receita operacional bruta – ROB (1.1 + 1.2)
1.1 Venda de mercadorias
1.2 Serviços prestados
2 (–) Deduções (2.1 + 2.2 + 2.3)
2.1 Devolução de vendas
2.2 Impostos
3 (=) Receita operacional líquida – Rol (1 – 2)
4 (–) Custos das mercadorias vendidas – CMV
5 (=) Lucro bruto (3 – 4)
6 (–) Despesas operacionais (6.1 + 6.2 + 6.3)
6.1 Despesas com vendas
6.2 Despesas financeiras
6.3 Despesas administrativas
7 (=) Lucro operacional (5 – 6)
8 (–) Outras despesas
9 (+) Outras receitas
10 (=) Lucro líquido antes do Imposto de Renda e da Contribuição Social (7 – 8 + 9)
11 (–) Imposto de Renda e Contribuição Social
12 (=) Lucro ou prejuízo líquido do exercício (10 – 11)
Custo unitário x quantidade vendida

Fonte: Cruz; Andrich; Mugnaini, 2011, p. 79.

O art. 187 da Lei nº 6.404/1976 (mantido pela Lei nº 11.638, de 28 de dezembro de 2007[3], e pela Lei nº 11.941/2009[4]) rege que a estrutura da DRE deve apresentar inicialmente a receita do exercício (1), que, subtraídas as deduções (2), chegará à receita operacional líquida (3), podendo, então, ser deduzida dos custos das mercadorias vendidas (4), que, por sua vez, é a representação

---

3 Para consultar o texto integral da Lei nº 11.638/2007, acesse: <http://www.planalto.gov.br/ccivil/_Ato2007-2010/2007/Lei/L11638.htm>.

4 Para consultar o texto integral da Lei nº 11.941/2009, acesse: <http://www.planalto.gov.br/ccivil_03/_Ato2007-2010/2009/Lei/L11941.htm>.

dos cálculos de custos realizados por meio do custeio por absorção, sendo a resultante da multiplicação do custo unitário pela quantidade vendida (conforme apresentado na figura anterior). Realizada a diminuição do custo da mercadoria vendida (4), apresenta-se o lucro bruto (5), que será diminuido das despesas operacionais (6), indicando o lucro operacional (7). Calculado o lucro operacional, apresentam-se as outras despesas (8) e as outras receitas (9), que evidenciam as operações de receitas e despesas que não têm um vínculo direto com o objeto principal da empresa, indicando o lucro líquido antes do item do Imposto de Renda e Contribuição Social (10), que, após ser deduzido do item Imposto de Renda e Contribuição Social (11), finalmente apresenta o lucro ou prejuízo da empresa no determinado exercício (12).

Vale ressaltarmos que a demonstração do resultado do exercício apresenta pequenas diferenças de acordo com a forma de tributação em que a empresa esteja inserida (lucro real, presumido ou simples).

5.1.2
Apresentação integrada do processo de absorção

Conforme observamos nas etapas descritas neste capítulo, o custeio por absorção apresenta uma sequência lógica de eventos que possibilitam evidenciar várias informações das empresas. Ao verificarmos atentamente o fluxo dessas etapas, podemos chegar ao esquema lógico a seguir:

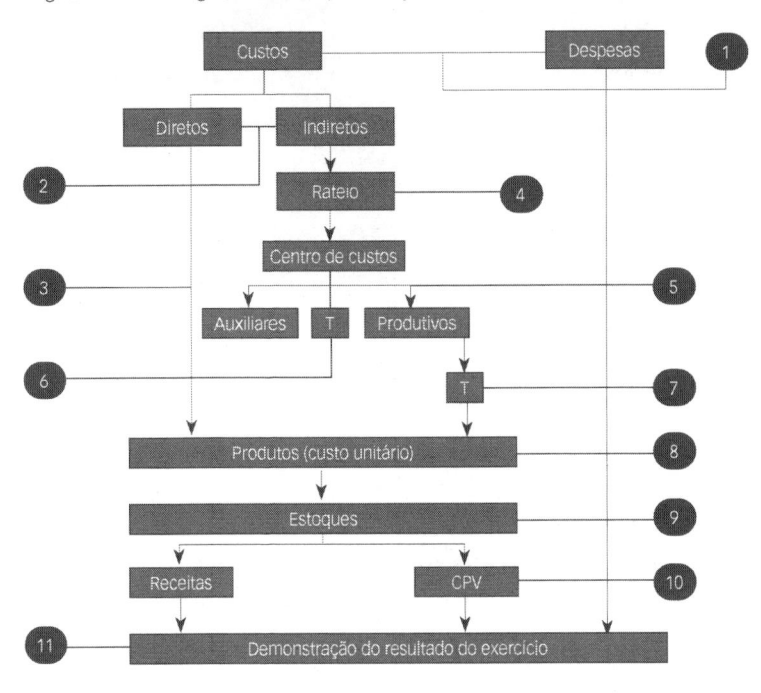

Figura 5.9 – Fluxo integrado do custeio por absorção

1. Separação dos custos e das despesas
2. Identificação dos custos diretos e indiretos
3. Alocação dos custos diretos aos produtos e/ou serviços
4. Determinação de critérios de rateios para a alocação dos custos indiretos aos centros de custos auxiliares e produtivos
5. Alocação dos custos indiretos aos centros de custos (auxiliares e produtivos)
6. Transferência dos centros de custos auxiliares para os centros de custos produtivos por meio de métodos de transferência
7. Transferência dos centros de custos produtivos aos produtos e/ou serviços
8. Apuração do custo unitário dos produtos acabados
9. Mensuração do valor dos estoques (ativos)
10. Apuração do custo do produto vendido
11. Apuração do resultado (conforme estrutura da demonstração do resultado do exercício prevista na Lei nº 6.404/1976)

É importante ressaltarmos que o processo de aplicação do método por absorção não tem como objetivo apenas demonstrar o lucro ou o prejuízo do exercício, pois as contribuições desse processo se revelam no decorrer de cada etapa, que gera uma série de informações ao gestor da empresa, como:

» identificação do consumo de recursos das operações (custos) e da gestão da empresa (despesa);
» identificação do custo de cada departamento da empresa (centros de custos);
» identificação do percentual dos custos da empresa que são alocados diretamente aos produtos e serviços (custos diretos);
» identificação do percentual dos custos da empresa que não podem ser alocados diretamente aos produtos e serviços da empresa (custos indiretos) e que, por esse motivo, devem ser distribuídos (rateios);
» identificação dos departamentos (centros de custos) que apresentam envolvimento direto com a operação (centros de custos produtivos) e dos que não apresentam envolvimento direto com a operação (centros de custos auxiliares);
» mensuração do custo unitário de cada produto ou serviço;
» mensuração do custo do produto vendido;
» demonstração da composição do lucro da empresa (demonstração do resultado do exercício);
» determinação do orçamento de cada departamento para o próximo período (centros de custos).

Por fim, você pode observar claramente que a contribuição efetiva de uma ferramenta como o método de custeio por absorção ocorre por meio de um processo de aprendizagem gerado durante sua implantação, que, acima das evidências já destacadas, tem como principal objetivo contribuir como base de informação para a gestão das empresas dentro de suas possibilidades práticas e teóricas.

1+1= 2

Exercício resolvido

A empresa Verdão S.A. pretende operacionalizar o método por absorção em sua integralidade. Para isso, uma série de informações tornam-se necessárias. Veja os números da produção no período:

Produto (A): 1.000 unidades

Produto (B): 300 unidades

Tal produção incorreu na seguinte estrutura de custos:

CUSTOS DIRETOS	(A)	(B)
Matéria-prima consumida no período	R$ 30.000,00	R$ 12.000,00
Mão de obra direta	R$ 12.000,00	R$ 3.000,00
CUSTOS INDIRETOS		
Energia		R$ 3.000,00
Mão de obra indireta		R$ 10.000,00
Outros CIFs		R$ 8.000,00
Mão de obra indireta		R$ 13.000,00
Outros CIFs		R$ 5.000,00
DESPESAS		
Despesas gerais		R$ 10.000,00

Outros dados relevantes para a análise estão apresentados na tabela a seguir:

	(A)	(B)
Estoque final de produtos acabados (em unidades)	200	50
Preço de venda por unidade	R$ 100,00	R$ 120,00

Entre outros dados, foi determinado que os custos indiretos de fabricação (CIFs) devem ser rateados pelo percentual de quantidades produzidas de cada produto (A) e (B).

Assim, levantamos as questões a seguir:
a) Qual o percentual de rateio a ser utilizado para distribuição dos CIFs?
b) Qual o custo total de produção (CT) por tipo de produto?
c) Qual o custo unitário de produção (Cun)?
d) Qual a quantidade vendida de cada produto?
e) Qual o custo do produto vendido (CPV)?

a) **Resposta:**

Produto (A) = 1.000 unidades produzidas

Produto (B) = 300 unidades produzidas

Total de unidades produzidas = 1.300 unidades

= 1.000/1.300 = 77%

= 300/1.300 = 23%

b) **Resposta:**

Descrição	(A)	(B)	Soma
Material direto	R$ 30.000,00	R$ 12.000,00	R$ 42.000,00
Mão de obra direta	R$ 12.000,00	R$ 3.000,00	R$ 15.000,00
Custos diretos	R$ 42.000,00	R$ 15.000,00	R$ 57.000,00
Critério de rateio	77%	23%	
Energia	R$ 2.310,00	R$ 690,00	R$ 3.000,00
Mão de obra indireta	R$ 7.700,00	R$ 2.300,00	R$ 10.000,00
Outros CIFs	R$ 6.610,00	R$ 1.840,00	R$ 8.000,00
Mão de obra indireta	R$ 10.010,00	R$ 2.990,00	R$ 13.000,00
Outros CIFs	R$ 3.850,00	R$ 1.150,00	R$ 5.000,00
Custos indiretos	R$ 30.030,00	R$ 8.970,00	39.000,00
	(A)	(B)	

| Custo total do produto (CD + CIF) | R$ 72.030,00 | R$ 23.970,00 | R$ 96.000,00 |

c) **Resposta:**

Produto (A) = R$ 72.030,00 custo total/1.000 unidades = R$ 72,03

Produto (B) = R$ 23.970,00 custo total/300 unidades = R$ 79,90

d) **Resposta:**

Produto (A) = 1.000 produzidas – 200 estoque final = 800 unidades vendidas

Produto (B) = 300 produzidas – 50 estoque final = 250 unidades vendidas

e) **Resposta:**

Produto (A) = 800 unidades · R$ 72,03 = R$ 57.624,00 CPV

Produto (B) = 250 unidades · R$ 79,90 = R$ 19.975,00 CPV

Síntese

Conforme verificamos neste capítulo, o método por absorção possibilita, por meio da separação primária dos gastos em custos e despesas, perceber o "peso" da operação e da gestão na estrutura da organização. Os custos são separados em alocações diretas e indiretas, sendo, no primeiro caso, alocados diretamente aos centros de custos produtivos ou até aos produtos e serviços e, no segundo, alocados aos centros de custos produtivos e auxiliares, passando por um processo de transferência, para que o custo unitário do produto seja apurado. Esse custo servirá para a mensuração dos valores de estoques (ativos), passando, então, para a fase de resultados, por meio das vendas (receitas e custos de mercadorias vendidas), podendo ao final ser apresentado o resultado do exercício por meio da demonstração do resultado do exercício.

Questões para revisão

1) Quais etapas do método por absorção exigem *expertise* dos gestores?
2) Quais são as principais evidências do método por absorção?

Para saber mais

Os profissionais, os pesquisadores e os estudantes que desejarem saber mais sobre o contexto geral do custeio por absorção podem consultar o livro indicado a seguir. Trata-se de uma das mais importantes obras do método por absorção no Brasil, pois contempla, de uma forma completa e interessante, as principais relações do método com o mercado, além de apresentar algumas discussões acerca da utilização de rateios e métodos de transferência.

SOUZA, A.; CLEMENTE, A. **Gestão de custos**: aplicações operacionais e estratégicas. São Paulo: Atlas, 2007.

capítulo 6

Custeio por atividade

Conteúdos do capítulo

» Apresentação geral do método de custeio por atividade.
» Formas de mapeamento e identificação de atividades.
» Custos diretos.

Após o estudo deste capítulo, você será capaz de:

» identificar as principais características do método de custeio por atividade;
» calcular o custo unitário do produto ou serviço;
» alocar os custos indiretos por meio de atividades aos produtos.

Neste capítulo, iremos apresentar as principais características do método por atividade, que, como vimos, também é conhecido como *ABC*. Além de propiciar um entendimento do contexto geral do método, vamos ajudá-lo a identificar suas principais funções e limitações, além de um conjunto de etapas para sua efetiva operacionalização.

6.1
Contexto geral do método por atividade

Com estrutura muito semelhante à do método por absorção, o método de custeio por atividade, ou ABC (*activity based costing*), foi desenvolvido em razão da disfunção gerada pelo método por absorção para estabelecer rateios por centros de custos (auxiliares e produtivos), visto que sua principal contribuição está na atribuição dos custos indiretos às atividades da empresa e não a seus centros de custos.

A preocupação de estabelecer uma nova forma de tratar os custos indiretos tem origem em sua crescente representação na estrutura de custos dos produtos, que, até o início da década de 1960, eram rateados com base no volume, passando a obter uma nova alternativa, o rateio pelas atividades da organização (Nakagawa, 1994).

No entanto, essa nova alternativa sugere que o empreendimento tenha seus processos e suas atividades plenamente mapeadas, fato que, em geral, consome uma grande quantidade de recursos para sua implantação, além da necessidade de atualização constante.

Pergunta & resposta

É necessário para a implantação do método de custeio por atividade que todas as atividades da empresa sejam mapeadas?

Sim, isso ocorre porque os custos indiretos passaram a ser rateados pelas atividades da empresa, sugerindo que, além de mapear os processos e atividades da organização, estes devem ser continuamente atualizados, para evitar quaisquer disfunções na distribuição dos custos indiretos às suas respectivas atividades.

!!!

Assim como no método por absorção, o custeio ABC tem seus custos separados em custos diretos e indiretos. Os custos diretos são alocados diretamente aos produtos, e os custos indiretos, por sua vez, são alocados às atividades da empresa por meio de seus processos. Dessa forma, a gestão dos custos indiretos estaria relacionada à gestão das atividades, que devem ser extintas à medida que se tornam não contributivas à geração de valor dos produtos.

Figura 6.1 – Sistemática do custeio por atividade

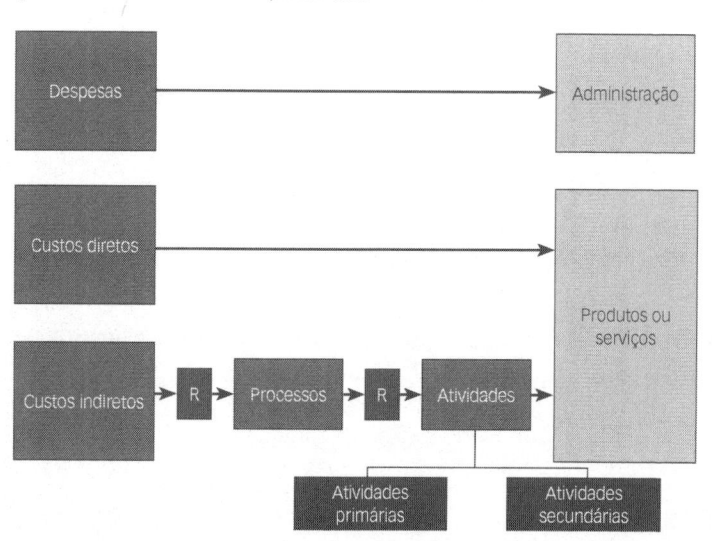

Fonte: Elaborado com base em Souza; Clemente, 2007, p. 102.

Conforme você pode observar na Figura 6.1, no método de custeio por atividade o mapeamento dos processos da empresa é de extrema importância para a distribuição dos custos indiretos às atividades, que são separadas em duas categorias, segundo Nakagawa (1994):

» **Atividades primárias** – São as atividades que apresentam relação direta com os produtos, ou seja, que estão diretamente envolvidas no processo de produção.

» **Atividades secundárias** – São as chamadas *atividades de apoio*, não apresentando relação direta com o produto, embora façam parte do sistema operacional da empresa.

Nesse caso, vale ressaltarmos que, assim como no método por absorção, no qual os centros de custos auxiliares devem ser transferidos aos centros de custos produtivos, no método por atividade as atividades secundárias devem ser transferidas às atividades primárias para que estas sejam alocadas aos tipos de produtos, conforme demonstrado na Figura 6.2.

Figura 6.2 – Alocação dos custos indiretos aos produtos pelo método de atividade

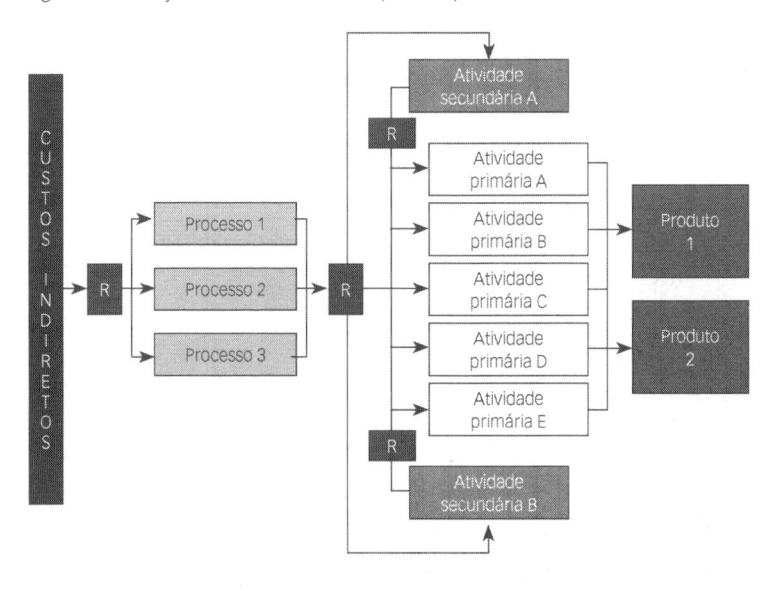

Dessa forma, o método de custeio por atividade observa a seguinte sequência operacional:

» separação dos custos e despesas;
» identificação dos custos diretos e indiretos;
» alocação dos custos diretos aos produtos e/ou aos serviços;
» determinação de critérios de rastreamento para a alocação dos custos indiretos aos processos;
» alocação dos custos indiretos aos processos;
» determinação de critérios de rastreamento[1] para a alocação dos custos indiretos dos processos às atividades (primárias e secundárias);
» alocação dos custos indiretos dos processos às atividades (primárias e secundárias);
» transferência dos saldos das atividades secundárias para as atividades primárias por meio de métodos de transferência;
» transferência dos custos indiretos das atividades primárias aos produtos e aos serviços;
» apuração do custo unitário dos produtos acabados;
» mensuração do valor dos estoques (ativos);
» apuração do custo do produto vendido;
» apuração do resultado.

Vamos examinar, a seguir, o contexto geral de cada etapa do custeio por atividade.

6.2
Etapas do custeio por atividade

As etapas do método por atividade compreendem uma lógica muito semelhante à das etapas do método por absorção. No entanto, dessa vez não se propõe a utilização de rateios, e, sim, de formas de rastreamento, que surgem da identificação

---

[1] Trata-se da alocação do custo indireto a determinada atividade da empresa.

dos processos e atividades da empresa até a sua efetiva mensuração do resultado. Veja a seguir as etapas do método por atividade e suas particularidades.

6.2.1
Separação dos custos e das despesas

Conforme observado no método por absorção, os custos são os gastos destinados aos eventos produtivos da empresa e as despesas são os gastos destinados aos eventos administrativos. Assim, para operacionalizar a separação dos custos das despesas, é necessário que a empresa estabeleça a separação dessas duas atividades (administração e produção), sendo necessário o pleno conhecimento teórico e prático do negócio, evitando disfunções na elaboração e análise das demonstrações financeiras.

6.2.2
Identificação dos custos diretos e indiretos

A separação dos custos diretos e indiretos se dá por meio da simples identificação das características de cada custo, sendo os custos plenamente alocados e identificados diretamente aos produtos considerados **diretos** (sem a utilização de rateio) e os custos cuja utilização do rastreamento se torna necessário para sua alocação aos produtos, sendo considerados **indiretos**.

6.2.3
Alocação dos custos diretos aos produtos e/ou aos serviços

Assim como no método por absorção, no método de custeio por atividade a alocação dos custos diretos aos produtos e serviços é uma tarefa bastante simplificada, desde que a empresa tenha uma estrutura de processos operacionais desenvolvida para a percepção da alocação direta dos custos aos produtos ou serviços, conforme observado na Figura 6.3:

Figura 6.3 – Relação dos custos diretos com os produtos e serviços pelo método de atividade

Custos diretos → Produtos ou serviços

6.2.4
Determinação de critérios de rastreamento para a alocação dos custos indiretos aos processos

No método do custeio por atividade, é necessário que a empresa tenha o pleno mapeamento dos seus processos operacionais. Você deve ter consciência de que esse talvez seja o principal fator da dificuldade de implantação desse método, pelo fato de que os processos operacionais são fruto de constantes atualizações em busca de vantagens competitivas, o que torna também dinâmica a determinação de critérios de rateios para a alocação dos custos indiretos aos processos operacionais.

Pergunta & resposta

Mas, afinal, o que são os processos?

Trata-se de um conjunto de atividades realizadas para a produção de determinado produto ou serviço, podendo abranger atividades diretamente relacionadas aos produtos (primárias) e atividades de apoio (secundárias).

São exemplos de processos: acabamento de material, compra de material, assistência técnica, entre outros (Nakagawa, 1994).

!!!

Após o conhecimento pleno dos processos da empresa e das suas atividades (primárias e secundárias), é possível o gestor estabelecer uma relação de critérios de distribuição dos custos indiretos entre os diferentes processos cujo

produto tem relação. Entre alguns critérios possíveis, veja os exemplos a seguir:
» tempo de duração do processo;
» quantidade de atividades envolvidas em cada processo.

Vale ressaltarmos que a troca dos critérios de rastreamento ou de processos operacionais impossibilita a comparabilidade entre períodos diferentes.

6.2.5
Alocação dos custos indiretos aos processos

A alocação dos custos indiretos aos processos se dá por meio da utilização de critérios de rastreamento, que têm como objetivo distribuir os custos indiretos durante o processo de produção do bem ou serviço.

A alocação se dá por meio da mensuração quantitativa dos critérios adotados, conforme o exemplo que se segue:

I – IDENTIFICAÇÃO DAS INFORMAÇÕES

Custo indireto a ser rastreado: energia elétrica = R$ 3.000,00

Processos consumidores de energia elétrica: Manutenção; limpeza e conservação; corte; costura e montagem; embalagem.

Critério de rastreamento determinado: Tempo de operação com máquinas ligadas em cada processo.

Tempo de máquinas ligadas por processo (em minutos aproximados):

» *Processo de manutenção – 1.440 minutos*
» *Processo de limpeza e conservação – 1.380 minutos*
» *Processo de corte – 5.280 minutos*
» *Processo de costura e montagem – 10.560 minutos*
» *Processo de embalagem – 2.640 minutos*
» *Total de tempo de máquinas ligadas – 21.300 minutos*

II – DISTRIBUIÇÃO DOS CUSTOS INDIRETOS PARA OS PROCESSOS

Distribuição entre os processos:

» Processo de manutenção – 1.440 minutos/21.300 minutos = 6,76% · R$ 3.000,00 = R$ 202,80
» Processo de limpeza e conservação – 1.380 minutos/21.300 minutos = 6,47% · R$ 3.000,00 = R$ 194,10
» Processo de corte – 5.280 minutos/21.300 minutos = 24,78% · R$ 3.000,00 = R$ 743,40
» Processo de costura e montagem – 10.560 minutos/21.300 minutos = 49,58% · R$ 3.000,00 = R$ 1.487,40
» Processo de embalagem – 2.640 minutos/21.300 minutos = 12,41% · R$ 3.000,00 = R$ 372,30

Ao observarmos esse exemplo, podemos verificar que o primeiro desafio apresentado é a identificação das atividades ou processos envolvidos com determinado custo, seguida da identificação do melhor critério de rastreamento e, então, do estabelecimento das bases de cálculo.

6.2.6
Determinação de critérios de rateios para a alocação dos custos indiretos dos processos às atividades (primárias e secundárias)

Diferentemente do método por absorção, o método de custeio por atividade sugere que, após a alocação aos processos, é necessária a alocação dos custos indiretos dos processos às suas respectivas atividades (primárias ou secundárias). Sendo assim, os critérios a serem determinados nessa etapa correspondem à melhor opção de distribuição entre todas as atividades do processo, conforme representado na Figura 6.4.

Figura 6.4 – Distribuição dos custos indiretos dos processos para as atividades

```
Processo 1 ┐           ┌──► Atividade secundária A
           │           ├──► Atividade primária A
Processo 2 ├──► R ─────┼──► Atividade primária B
           │           ├──► Atividade primária C
Processo 3 ┘           ├──► Atividade primária D
                       ├──► Atividade primária E
                       └──► Atividade secundária B
```

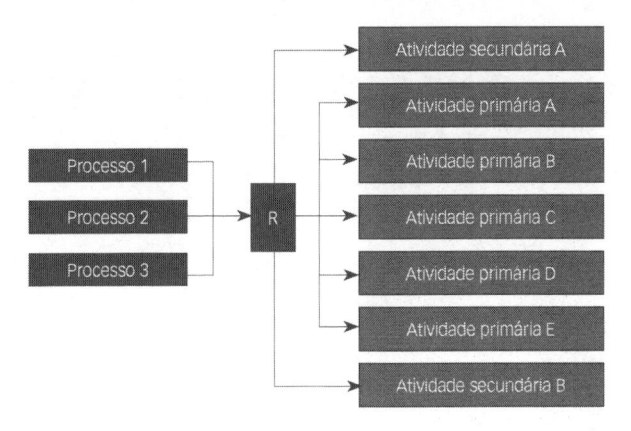

É importante salientarmos que a escolha desse critério deve contemplar a totalidade das atividades do processo, devendo este (processo) estabelecer de forma clara e objetiva quais atividades correspondem às suas etapas e quais não correspondem, necessitando ainda ser periodicamente revisado para que os critérios sejam determinados de acordo com as alterações nas atividades.

6.2.7
Alocação dos custos indiretos dos processos
às atividades (primárias e secundárias)

Os custos indiretos até então alocados aos processos devem, nessa etapa, ser alocados às atividades pertinentes a cada processo. Para tal, o gestor deve realizar mais um procedimento de rastreamento, que, observando-se o critério determinado (ver seção 6.2.6), será alocado às atividades primárias e secundárias. Para isso, basta que o gestor da organização mapeie quais atividades pertencem a quais procedimentos, estabeleça um critério de rastreamento, efetue o rastreamento e mensure o custo indireto por atividade.

Observe o exemplo:

I – IDENTIFICAÇÃO DAS INFORMAÇÕES

Custo indireto rastreado aos processos: energia elétrica = R$ 3.000,00

Processos consumidores de energia elétrica: Manutenção; limpeza e conservação; corte; costura e montagem; embalagem.

Custos indiretos por processo:

» *Processo de manutenção = R$ 202,80*
» *Processo de limpeza e conservação = R$ 194,10*
» *Processo de corte = R$ 743,40*
» *Processo de costura e montagem = R$ 1.487,40*
» *Processo de embalagem = R$ 372,30*

Descrição de atividades por processo:

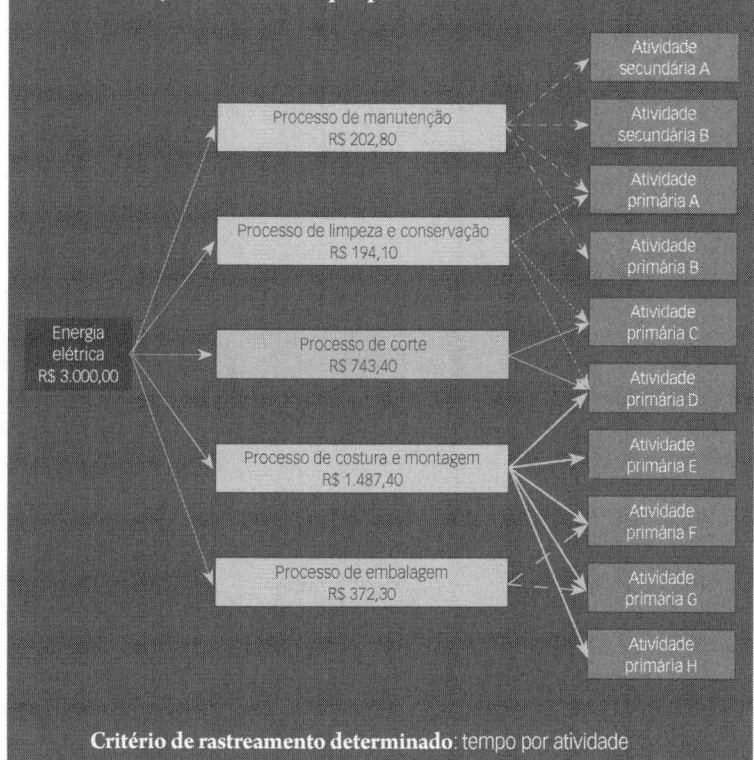

Energia elétrica R$ 3.000,00 →
- Processo de manutenção R$ 202,80
- Processo de limpeza e conservação R$ 194,10
- Processo de corte R$ 743,40
- Processo de costura e montagem R$ 1.487,40
- Processo de embalagem R$ 372,30

→ Atividade secundária A
→ Atividade secundária B
→ Atividade primária A
→ Atividade primária B
→ Atividade primária C
→ Atividade primária D
→ Atividade primária E
→ Atividade primária F
→ Atividade primária G
→ Atividade primária H

Critério de rastreamento determinado: tempo por atividade

II – DISTRIBUIÇÃO DOS CUSTOS INDIRETOS DOS PROCESSOS ÀS ATIVIDADES

1) Processo de manutenção = R$ 202,80

» Atividade secundária A = 10% · R$ 202,80 = R$ 20,28
» Atividade secundária B = 12% · R$ 202,80 = R$ 24,34
» Atividade primária A = 28% · R$ 202,80 = R$ 56,78
» Atividade primária B = 50% · R$ 202,80 = R$ 101,40

2) Processo de limpeza e conservação = R$ 194,10

» Atividade primária B = 18% · R$ 194,10 = R$ 34,94
» Atividade primária C = 40% · R$ 194,10 = R$ 77,64
» Atividade primária D = 42% · R$ 194,10 = R$ 81,52

3) Processo de corte = R$ 743,40

» Atividade primária C = 98% · R$ 743,40 = R$ 728,53
» Atividade primária D = 2% · R$ 743,40 = R$ 14,87

4) Processo de costura e montagem = R$ 1.487,40

» Atividade primária D = 80% · R$ 1.487,40 = R$ 1.189,92
» Atividade primária E = 5% · R$ 1.487,40 = R$ 74,37
» Atividade primária F = 5% · R$ 1.487,40 = R$ 74,37
» Atividade primária G = 5% · R$ 1.487,40 = R$ 74,37
» Atividade primária H = 5% · R$ 1.487,40 = R$ 74,37

5) Processo de embalagem = R$ 372,30

» Atividade primária F = 50% · R$ 372,30 = R$ 186,15
» Atividade primária G = 50% · R$ 372,30 = R$ 186,15

Custo indireto por atividade:

» Atividade secundária A = R$ 20,28 + R$ 56,78 = R$ 77,06
» Atividade secundária B = R$ 24,34 + R$ 101,40 + R$ 34,94 = R$ 160,68
» Atividade primária C = R$ 728,53 + R$ 77,64 = R$ 806,17
» Atividade primária D = R$ 81,52 + R$ 14,87 + R$ 1.189,92 = R$ 1.286,31
» Atividade primária E = R$ 74,37
» Atividade primária F = R$ 74,37 + R$ 186,15 = R$ 260,52
» Atividade primária G = R$ 186,15 + R$ 74,37 = R$ 260,52
» Atividade primária H = R$ 74,37

6.2.8

Transferência dos saldos das atividades secundárias para as atividades primárias por meio de métodos de transferência

Assim como no método por absorção, é necessário efetuar a transferência dos valores dos centros de custos auxiliares para os centros de custos produtivos. No método por atividade, é preciso também transferir os valores das atividades secundárias para as atividades primárias. Esse procedimento se torna necessário pelo fato de que somente as atividades primárias têm relação direta com os produtos ou serviços. Observe a lógica subjacente da transferência dos custos das atividades secundárias para as atividades primárias na Figura 6.5.

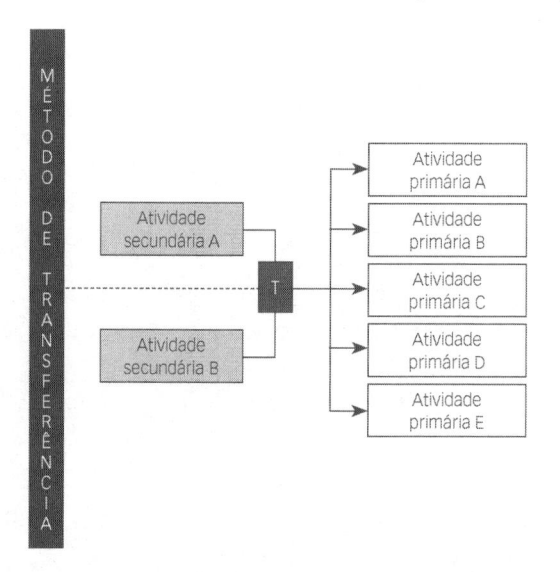

Figura 6.5 – Transferência dos custos das atividades secundárias para as atividades primárias

```
MÉTODO DE TRANSFERÊNCIA

Atividade secundária A ──┐         ┌──► Atividade primária A
                         ├──► T ──►├──► Atividade primária B
                         │         ├──► Atividade primária C
Atividade secundária B ──┘         ├──► Atividade primária D
                                   └──► Atividade primária E
```

Essa transferência pode ser feita pelos mesmos métodos previstos no método por absorção: método gradativo (*step by step*), método direto e método recíproco.

6.2.9

Transferência dos custos indiretos das atividades primárias aos produtos e serviços

Agora que os custos indiretos dos processos já se encontram em suas respectivas atividades primárias, é necessário passar para a próxima etapa, que trata da transferência dos custos indiretos das atividades primárias aos produtos ou serviços. Para isso, podem-se utilizar duas formas distintas. Observe na figura a seguir a representação de cada uma dessas formas.

Figura 6.6 – Formas de transferência dos custos indiretos das atividades primárias aos produtos ou serviços

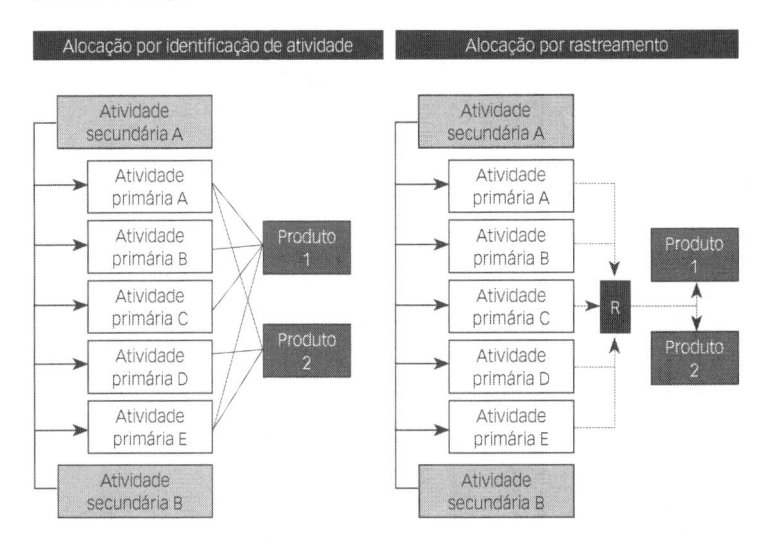

A primeira forma corresponde à identificação das atividades aos produtos ou serviços respectivos, alocando os custos à medida que a atividade é relacionada aos produtos ou serviços.

A segunda deve ser utilizada caso não seja possível identificar claramente as atividades aos produtos ou serviços. Nesse caso, sugerimos a utilização de novos rastreamentos, que devem prescrever novos critérios.

6.2.10

Apuração do custo unitário dos produtos acabados

A apuração do custo unitário dos produtos e/ou serviços pode ser representada por meio da simples divisão dos custos totais pela quantidade de produtos produzidos ou serviços prestados. Observe a equação:

$$\text{Custo total} / \text{Quantidade produzida} = \text{Custo unitário}$$

6.2.11

Mensuração do valor dos estoques (ativos)

Utilizado em empresas de comércio ou produção, os estoques são formados pela relação dos custos de cada unidade de produto pela quantidade acabada disponível para venda. Seu controle se dá por meio dos seguintes métodos de avaliação:

» Ueps (último que entra, primeiro que sai);
» Peps (primeiro que entra, primeiro que sai);
» MPM (média ponderada móvel).

O contexto geral de cada um dos métodos pode ser observado no capítulo que trata do método por absorção.

6.2.12

Apuração do custo do produto vendido

Da mesma forma que no método por absorção, no método de custeio por atividade os custos dos produtos vendidos ou dos serviços prestados somente ocorrem após a realização da receita (conforme abordagem descrita no método por absorção), sendo mensurados pela seguinte equação:

$$CMV = Ei + C - Ef$$

Tal equação está estruturada para empresas comerciais, devendo ser adaptada para a estrutura de empresas industriais. Observe:

$$CPV = Ei + P - Ef$$

6.2.13
Apuração do resultado

No método de custeio por atividade, a demonstração do resultado do exercício é estruturada da mesma forma que no método por absorção, haja vista que ambos os métodos apresentam a mesma separação entre os gastos (despesas, custos diretos e indiretos).

6.3
Apresentação integrada do processo por atividade

Conforme observamos nas etapas descritas neste capítulo, o custeio por atividade tem uma sequência lógica de eventos que possibilitam evidenciar várias informações das empresas. Ao observarmos atentamente o fluxo dessas etapas, podemos apresentar o seguinte esquema lógico:

Figura 6.7 – Fluxo integrado do custeio por atividade (ABC)

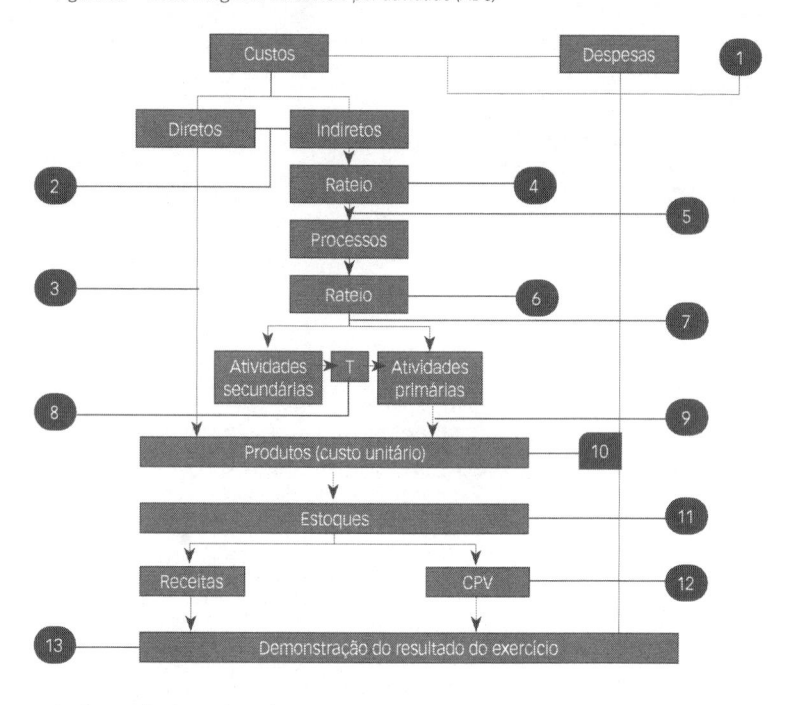

[Fluxograma com os seguintes elementos: Custos → Diretos, Indiretos; Despesas (1); Diretos (2); Indiretos → Rateio (4) → Processos (5) → Rateio (6) → Atividades secundárias ↔ T ↔ Atividades primárias (7); (3), (8), (9); Produtos (custo unitário) (10); Estoques (11); Receitas, CPV (12); Demonstração do resultado do exercício (13)]

1. Separação dos custos e despesas
2. Identificação dos custos diretos e indiretos
3. Alocação dos custos diretos aos produtos e/ou serviços
4. Determinação de critérios de rastreamento para a alocação dos custos indiretos aos processos
5. Alocação dos custos indiretos aos processos
6. Determinação de critérios de rastreamento e alocação dos custos indiretos dos processos às atividades (primárias e secundárias)
7. Alocação dos custos indiretos dos processos às atividades (primárias e secundárias)
8. Transferência dos saldos das atividades secundárias para as atividades primárias por meio de métodos de transferência
9. Transferência dos custos indiretos das atividades primárias aos produtos e serviços
10. Apuração do custo unitário dos produtos acabados
11. Mensuração do valor dos estoques (ativos)
12. Apuração do custo do produto vendido
13. Apuração do resultado do exercício

É importante ressaltarmos que o processo de aplicação do método por atividade é considerado um processo árduo, porém gratificante. É árduo em razão da dificuldade do mapeamento contínuo de todas as atividades da empresa e da sua impossibilidade de gerar efeitos comparativos à medida que as trocas necessárias de critérios de rastreamento ocorrem. No entanto, suas principais evidências e informações podem caracterizar um interessante produto de informação e gestão. Diante do exposto, observe a seguir algumas das principais evidências do custeio por atividade:

» identifica o consumo de recursos das operações (custos) e da gestão da empresa (despesa);
» identifica o custo de cada processo da empresa;
» identifica o percentual dos custos da empresa que são alocados diretamente aos produtos e serviços (custos diretos);
» identifica o percentual dos custos da empresa que não podem ser alocados diretamente aos produtos e serviços da empresa (custos indiretos) e que, por esse motivo, devem ser distribuídos (rastreados);
» identifica as atividades da empresa que apresentam relação direta com os produtos ou serviços (atividades primárias) e quais atividades apresentam relação de apoio (atividades secundárias);
» mensura o custo unitário de cada produto ou serviço;
» identifica o custo do produto vendido;
» identifica a composição do lucro da empresa (demonstração do resultado do exercício);
» possibilita estabelecer o orçamento de cada processo ou atividade da empresa para o próximo período;
» entre outras.

Por fim, podemos observar claramente que a contribuição efetiva do método de custeio por atividade sugere um alto investimento em gestão e tecnologia, pois apresenta como principal necessidade operacional a identificação e o mapeamento dinâmico dos processos e de suas respectivas relações com os gastos da empresa, demandando um investimento elevado de recursos, que devem ser compensados pela qualidade das informações obtidas e transmitidas aos decisores da empresa.

1+1=**2**

Exercício resolvido

Após uma discussão entre gestores de uma importante empresa da indústria automobilística, um dos interessados apresentou a seguinte pergunta: Se o ABC gera tantas informações relevantes, por que é tão pouco utilizado?

Resposta:

O método de custeio por atividade é uma variação do método de custeio por absorção, porém utiliza o mapeamento das atividades da organização, o que sugere um custo de implantação demasiadamente alto, além de exigir uma existência complexa de atividades, para que seus efeitos sejam efetivamente analisáveis e compensatórios.

Síntese

Na expectativa de apresentar uma nova alternativa de gestão para a crescente participação dos custos indiretos na estrutura de custos dos produtos e serviços, o método de custeio por atividade se revela como uma efetiva ferramenta de gestão. Embora apresente um custo de implantação e atualização considerável, o método de custeio por atividade possibilita o entendimento de várias evidências da empresa em sua forma de gestão e operação que não poderiam ser observadas diretamente pelos gestores. Desse modo, diante da atual complexidade e da dinâmica das atividades das empresas, o custeio por atividade se caracteriza como uma custosa ferramenta, cuja análise de custo-benefício deve ser refletida antes de seu processo de implantação.

Questões para revisão

1) Quais são as principais dificuldades de implantação do método por atividade em uma empresa?
2) Quais são as principais evidências do método por atividade?

Para saber mais

Os profissionais, os pesquisadores e os estudantes que desejarem saber mais sobre o contexto geral do custeio por atividade podem consultar o livro indicado a seguir. Nesta obra é possível observar as principais características do método por atividade aplicadas aos mais diferentes ramos de negócios, possibilitando identificar as particularidades da implantação do método no mercado.

NAKAGAWA, M. ABC: custeio baseado em atividades. São Paulo: Atlas, 1994.

capítulo 7

Custeio direto

Conteúdos do capítulo	» Apresentação geral do método de custeio direto.
	» Custos variáveis.
	» Custos fixos.
	» Margem de contribuição.

Após o estudo deste capítulo, você será capaz de:

» identificar as principais características do método de custeio direto;
» calcular o custo variável de cada produto ou serviço;
» calcular a margem de contribuição de cada produto ou serviço;
» calcular o resultado do exercício por meio do custeio direto.

O presente capítulo examina as principais características do método direto, evidenciando suas principais contribuições e limitações, além de apresentar uma sequência lógica de etapas para sua efetiva implantação e análise.

7.1 Contexto geral do método direto

Por meio do entendimento dos métodos apresentados até o momento (por absorção e por atividade), você pode perceber que um dos grandes desafios dos gestores é a correta distribuição e o controle dos custos indiretos por meio de rateios. Nesse contexto, o custeio direto se revela como um método alternativo para gestão de custos, que propõe a geração de informações sem a realização de rateios ou rastreamentos aos custos indiretos.

É importante que você lembre que a denominação de *custeio direto* ou *custeio variável* é tratada por alguns autores como sinônimos e por outros como métodos diferentes. Por considerarmos tal discussão irrelevante à efetiva prática da gestão nas empresas, iremos tratar os métodos como sinônimos, utilizando predominantemente a nomenclatura de *método direto*.

Embora não aceito pelas normas contábeis brasileiras, o método do custeio direto ou variável é um dos mais intrigantes métodos de custos gerenciais existentes. Com sua estrutura organizada em custos fixos e variáveis, sua lógica apresenta várias informações interessantes para a empresa efetivamente gerir seus produtos, seus serviços e sua estrutura. Originado na sociedade americana nos anos de 1930, o custeio direto pressupõe que a venda dos produtos ou serviços são os efetivos elementos geradores de riquezas da empresa (Souza; Clemente, 2007, p. 63).

Conforme você pôde observar no capítulo referente tipologia de gastos, no método direto os gastos fixos são frequentes e não sofrem alterações em valores pela quantidade produzida. Já os gastos variáveis apresentam alterações em valores de acordo com as quantidades produzidas. Outra característica do método direto é que os custos e as despesas têm o mesmo tratamento, sendo apenas separados em fixos e variáveis. Observe na Figura 7.1 o esquema lógico do método direto.

Figura 7.1 – Esquema lógico do método direto

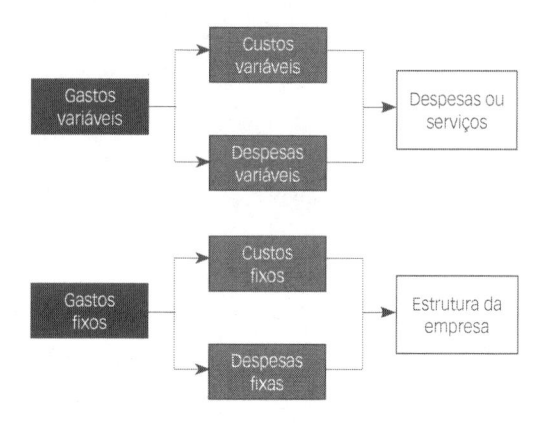

```
                    ┌─► Custos variáveis ──┐
Gastos variáveis ──┤                       ├──► Despesas ou serviços
                    └─► Despesas variáveis ┘

                    ┌─► Custos fixos ──────┐
Gastos fixos ──────┤                       ├──► Estrutura da empresa
                    └─► Despesas fixas ────┘
```

Fonte: Elaborado com Souza; Clemente, 2007, p. 157.

Entre as principais evidências destacadas pelo método do custeio direto, podemos verificar a separação do produto ou do serviço da estrutura da empresa. Isso possibilita perceber o "peso" da estrutura (gastos fixos) na estrutura variável da empresa (gastos variáveis) e destaca a contribuição de cada produto ou serviço para o cumprimento dos gastos fixos da empresa. Observe a próxima figura.

Figura 7.2 – Evidências do método direto

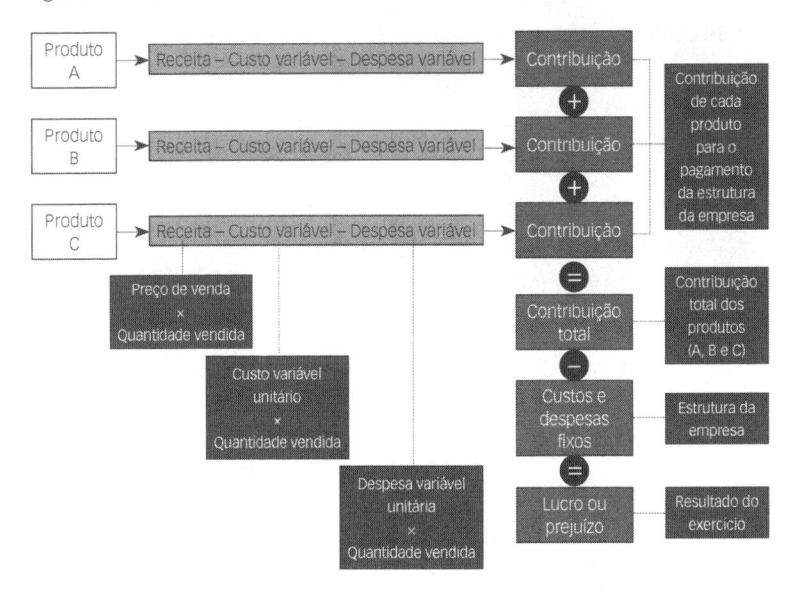

![Figura 7.2 - Fluxograma do método direto mostrando Produtos A, B e C com Receita - Custo variável - Despesa variável resultando em Contribuição, Contribuição total, Custos e despesas fixos, e Lucro ou prejuízo]

Fonte: Elaborado com base em Souza; Clemente, 2007, p. 142.

Dessa forma, o método de custeio direto obedece à seguinte sequência operacional:

» separação dos custos e despesas;
» identificação dos custos e das despesas fixos e dos custos e despesas variáveis;
» cálculo da receita do período e do preço de venda;
» identificação do custo variável e das despesas variáveis unitários;
» identificação da margem de contribuição unitária de cada produto;
» identificação da margem de contribuição total do exercício;
» identificação do "peso" da estrutura da empresa (custos fixos);
» apresentação do ponto de equilíbrio;
» apresentação do resultado do exercício.

Vamos examinar, a seguir, o contexto geral de cada etapa do método de custeio direto.

7.2
Etapas do custeio direto

As etapas operacionais do método direto compreendem uma série de informações relevantes para a gestão da empresa, entre as quais se encontra a correta identificação dos custos, que possibilitam aferir a margem de contribuição de cada produto, além do seu respectivo ponto de equilíbrio, chegando à mensuração do resultado. Veja a seguir cada uma das etapas propostas.

7.2.1
Separação dos custos e das despesas

Essa etapa do método direto corresponde aos mesmos procedimentos abordados nos métodos por absorção e por atividade (ABC), no qual os gastos relativos às operações da empresa devem ser identificados como custos e os gastos relativos à administração da empresa devem ser identificados como despesas.

7.2.2
Identificação dos custos e despesas fixas
e dos custos e despesas variáveis

Conforme a abordagem inicial no capítulo relacionado à tipologia de gastos, os gastos fixos correspondem aos valores que não apresentam alteração de acordo com a quantidade produzida e os gastos variáveis, a seu turno, correspondem aos gastos que apresentam variação de acordo com a quantidade produzida. Nesse caso, a identificação dos gastos fixos e variáveis deve ainda se apresentar de forma sequencial em relação à etapa anterior, destacando as atividades operacionais (custos) e administrativas (despesas) fixas e variáveis.

A operacionalização da separação entre os gastos fixos e variáveis pode ser auxiliada pela identificação dos gastos que permanecem constantes, mesmo que a empresa mantenha sua atividade nula, ou seja, os gastos que ocorrem mesmo que a empresa não fabrique ou fabrique um único bem ou preste um serviço, ou seja, esses gastos são considerados **fixos** dentro de determinada capacidade instalada.

Outra observação importante na identificação dos gastos fixos e variáveis tem relação com os custos híbridos, que devem ser identificados e geridos de forma particular, embora seu tratamento para fins de cálculo seja realizado de forma separada, ou seja, separa-se a parte fixa da parte variável, alocando cada parte em sua categoria de cálculo (fixo ou variável).

7.2.3
Cálculo da receita do período e do preço de venda

A receita do período, assim como nos demais métodos, pode ser auferida pela multiplicação do preço de venda pela quantidade vendida, conforme a seguinte equação:

> Preço de venda × Quantidade vendida

Embora a receita seja considerada uma simples resultante da equação anterior, a elaboração do preço de venda é um dos principais desafios dos gestores, que devem apresentar uma solução mediadora entre o custo do produto ou serviço, a concorrência no mercado e a capacidade de pagamento dos clientes, conforme você pode observar na Figura 7.3.

Figura 7.3 – Determinação de preço de venda

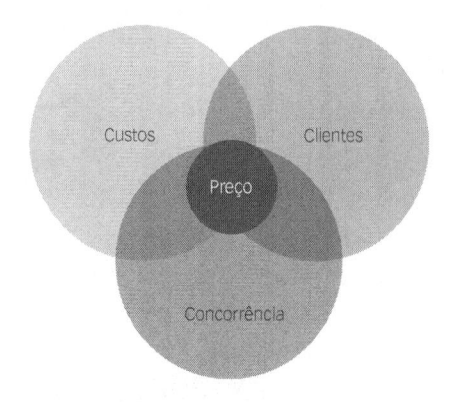

[Diagrama de Venn com três círculos: Custos, Clientes, Concorrência, com Preço no centro]

A perspectiva de custos do estabelecimento do preço de venda é determinada pela contribuição positiva do produto, devendo este cumprir com, pelo menos, seus custos variáveis. A perspectiva de clientes deve observar se o produto ou serviço oferecido está de acordo com a capacidade de pagamento dos potenciais clientes. Com relação aos concorrentes, o preço de venda deve ser estabelecido de acordo com o posicionamento estratégico estabelecido pela empresa, devendo ser superior, inferior ou equivalente à concorrência.

7.2.4

Identificação do custo variável e das despesas variáveis unitárias

O cálculo do custo variável unitário e da despesa variável unitária é facilmente realizado, desde que sua identificação esteja plenamente correta. Sendo assim, basta o gestor observar o valor agregado de cada evento operacional (custos) ou administrativo (despesas) a cada unidade de produto ou serviço, chegando ao chamado *valor de existência* do produto ou do serviço.

7.2.5
Identificação da margem de contribuição unitária de cada produto

A margem de contribuição unitária dos produtos ou serviços é identificada pela equação que se segue:

> Preço de venda − Custo variável unitário =
> Margem de contribuição unitária

Trata-se da principal medida de desempenho dos produtos, pois sua base positiva representa que determinado produto ou serviço contribui efetivamente para o pagamento dos custos e das despesas fixas (estrutura), ou, em outras palavras, o produto se apresenta favorável ao negócio à medida que sua margem é positiva e se apresenta nula, ou negativa, de acordo com sua resultante. Sendo assim, temos a seguinte regra:

> Margem positiva = Produto ou serviço favorável ao negócio
> Margem nula = Produto ou serviço indiferente ao negócio
> Margem negativa = Produto ou serviço não favorável ao negócio

A representação gráfica das resultantes da margem de contribuição pode ser observada na figura a seguir:

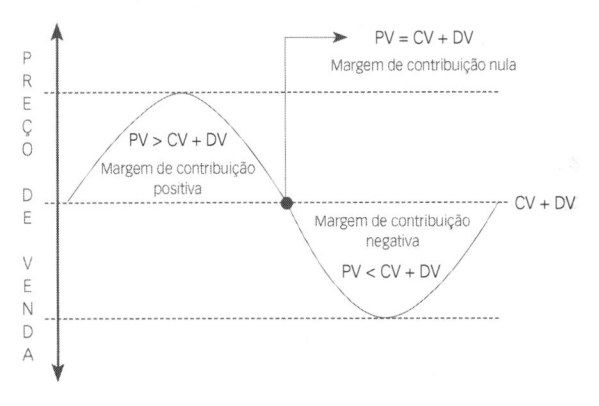

Gráfico 7.1 – Representação da dinâmica da margem de contribuição

Fonte: Elaborado com base em Souza; Clemente, 2007, p. 161.

Vale ressaltarmos que a decisão de manter ou não um produto ou serviço na carteira de oferta da empresa deve prever estudos criteriosos de mercado, sendo a perspectiva de contribuição apenas uma fonte de informação para a decisão, que deve verificar o ciclo de cada produto ou serviço antes de sua eliminação ou alavancagem.

Pergunta & resposta

É possível manter um produto ou serviço mesmo que este apresente margem de contribuição negativa ou nula?

Muitos produtos ou serviços, em sua fase inicial de inserção no mercado, apresentam sua margem de contribuição negativa ou nula e, mesmo assim, permanecem disponíveis nas carteiras de oferta das empresas por questões estratégicas. Dessa forma, é possível manter um produto ativo no mercado, mesmo que ele não contribua efetivamente para o pagamento da estrutura da empresa. É claro que essas situações merecem um estudo aprofundado dos objetivos da empresa, sua estrutura financeira, mix de produtos, entre outros fatores.

!!!

7.2.6
Identificação da margem de contribuição total do exercício

A margem de contribuição total é a soma das contribuições individuais de toda a carteira de produtos ou serviços ofertados pela empresa, assim como é ilustrado na figura a seguir.

Figura 7.4 – Formação da margem de contribuição total

Contribuição A + Contribuição B + Contribuição C = Contribuição total

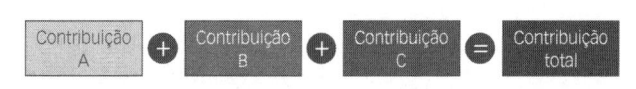

A totalidade das contribuições pretende evidenciar se o esforço demandando no exercício foi o suficiente para pagar a estrutura da empresa (custo fixo) e auferir um resultado positivo (lucro) ou negativo (prejuízo).

7.2.7
Identificação do "peso" da estrutura da empresa (custos e despesas fixos)

A identificação do "peso" da estrutura da empresa é um fator extremamente relevante para a gestão executiva e estratégica das empresas. Essa evidência surge na identificação dos custos e despesas fixos, que demonstram o quanto a empresa custa caso suas atividades permaneçam nulas ou em pouca atividade.

Atualmente, a identificação dos custos fixos e sua representação na estrutura de resultados da empresa pode ser o fator de sucesso ou insucesso de uma organização, que deve estar preparada para altas e baixas em suas receitas.

7.2.8
Apresentação do ponto de equilíbrio

O ponto de equilíbrio tem sua origem nas informações do método direto que possibilitam a utilização de uma equação operacional, financeira e econômica que evidencia o resultado necessário para o alcance do resultado nulo, em que as receitas são iguais à soma dos gastos variáveis e dos fixos. Para Martins (2000), o ponto de equilíbrio é constatado quando ocorre a conjunção dos custos totais com as receitas totais, sendo expresso pela seguinte equação:

$$\text{Ponto de equilíbrio} = \frac{(\text{Custos} + \text{Despesas fixas})}{(\text{Receitas unitária} - \text{Custos variáveis unitários e despesas variáveis unitárias})}$$

Para o pleno entendimento do ponto de equilíbrio, alguns aspectos devem ser observados:

» sua aplicação se mostra limitada em empresas cuja carteira de produtos apresenta mais de uma opção;
» a representação do ponto de equilíbrio se apresenta estruturada em determinada capacidade instalada.

Nesse contexto, elencamos a seguir alguns dos principais tipos de ponto de equilíbrio utilizados no mercado:

» **Ponto de equilíbrio contábil** – Estabelece a igualdade entre os custos totais e as receitas totais, evidenciando o resultado nulo.
» **Ponto de equilíbrio financeiro** – Nesse caso, é preciso fazer ajustes no custos cujo desembolso não foram efetivamente realizados, assim como a depreciação.
» **Ponto de equilíbrio econômico** – Nesse caso, deve-se considerar, para fins de cálculo, o custo do capital investido na base de cálculo dos custos.

O ponto de equilíbrio pode ser representado graficamente da seguinte forma:

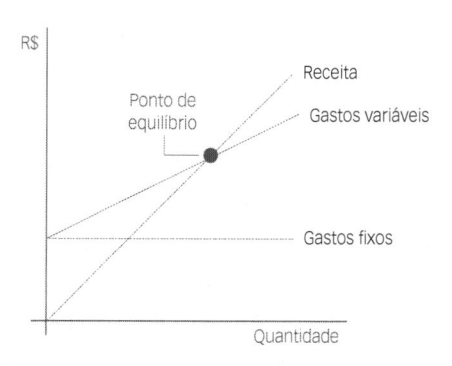

Gráfico 7.2 – Representação do ponto de equilíbrio

Observe a operacionalização do ponto de equilíbrio – determinada empresa apresenta as seguintes características em sua estrutura de custos:

» Custo variável: R$ 100,00/un.
» Custos + Despesas fixas: 10.000,00/mês

- » Preço de venda: R$ 200,00/un.
- » O cálculo do ponto de equilíbrio contábil seria:
- » $PE = \dfrac{(Custos + Despesas\ fixas)}{Margem\ de\ contribuição\ unitária}$
- » $PE = \dfrac{R\$\ 10.000,00}{R\$\ 100,00} = 100$ unidades por mês

A representação gráfica do ponto de equilíbrio seria:

Gráfico 7.3 – Exemplo de ponto de equilíbrio

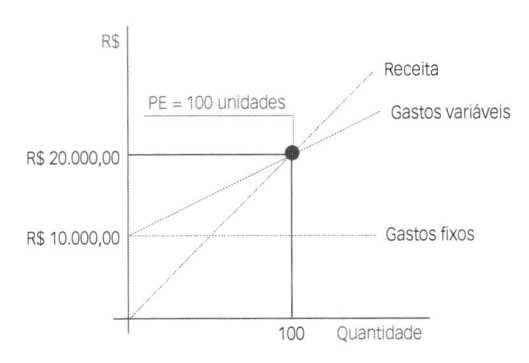

Ao observar as informações do gráfico por meio da representação da demonstração do resultado do exercício, podemos confirmar a evidência do lucro igual a zero. Observe na DRE a seguir:

Tabela 7.1 – Demonstração do resultado do exercício

Demonstração do resultado do exercício	
	Total
(+) Receita	R$ 20.000,00
(–) Custos variáveis + Despesas variáveis	R$ (10.000,00)
(=) Margem de contribuição	R$ 10.000,00
(–) Custos fixos + Despesas fixas	R$ (10.000,00)
(=) Lucro ou prejuízo do exercício	R$ 0,00
	Resultado nulo

Assim, ao auferir uma receita de R$ 20.000,00 diante da estrutura de custos, a empresa identifica o seu momento "zero", ou seja, o momento em que o resultado é nulo.

7.2.9
Apresentação do resultado do exercício

A demonstração do resultado do exercício estabelecida pelo método direto é um relatório financeiro que procura evidenciar o resultado do exercício dentro de determinado período, destacando os seguintes pontos:

» receita;
» custos variáveis;
» despesas variáveis;
» margem de contribuição;
» custos fixos;
» despesas fixas;
» lucro ou prejuízo no exercício.

Essa estrutura de apresentação do resultado não é utilizada para fins fiscais, no entanto, sua contribuição se mostra efetiva na análise de projetos financeiros de ativos reais e papéis, sendo base da renomada técnica de análise de projetos multi-índice, cuja autoria é de Alceu Souza e Ademar Clemente.

Conforme abordamos anteriormente, no método direto os custos e as despesas têm o mesmo tratamento, sendo apenas separados em fixos e variáveis, não apresentando a evidência de lucro ou prejuízo por produto ou serviço, mas, sim, a contribuição efetiva com relação ao cumprimento dos custos e despesas fixos, sendo a margem de contribuição dos produtos a principal relação de desempenho individual do mix ofertado.

A estrutura da demonstração do resultado do exercício pelo método direto é demonstrada a seguir.

Quadro 7.1 – Demonstração do resultado do exercício pelo método direto

Demonstração do resultado do exercício				
	Produto A	Produto B	Produto C	Total
(+) Receita				
(–) Custos variáveis				
(–) Despesas variáveis				
(=) Margem de contribuição				
(–) Custos fixos específicos				
(–) Despesas fixas específicas				
(=) Margem de contribuição líquida				
(–) Custos fixos gerais				
(–) Despesas fixas				
(=) Lucro ou prejuízo do exercício				

O resultado apresentado pela DRE do método direto auxilia na percepção de várias informações relevantes. Entre elas, destacamos:

» a receita por tipo de produto ou serviço e seus respectivos gastos variáveis (custos e despesas);
» a contribuição efetiva de cada produto, o que possibilita uma análise criteriosa dos fluxos gerados por produto, auxiliando no estudo do *mix* a ser oferecido;
» a estrutura específica de cada produto ou serviço (custos e despesas fixos específicos), gerando sua específica contribuição para o pagamento da estrutura geral representada pelos custos e despesas fixos;
» o resultado final do período (lucro ou prejuízo), possibilitando uma análise de retorno e risco do negócio.

É importante ressaltarmos que as evidências destacadas pela demonstração do resultado do exercício do método direto é uma das principais evidências financeiras e operacionais para tomada de decisões nas empresas, não devendo ser utilizada para fins fiscais.

7.3 Apresentação integrada do método direto

Conforme observamos nas etapas descritas neste capítulo, o custeio direto ou variável apresenta uma sequência e estrutura simplificadas, com base em uma classificação de custos e despesas (fixos e variáveis) de fácil identificação. Esse método possibilita a separação nos cálculos dos produtos e dos serviços da estrutura da empresa sem a utilização de rateios. Ao observarmos atentamente o fluxo das etapas, podemos obter o seguinte esquema lógico:

Figura 7.5 – Fluxo integrado do custeio direto

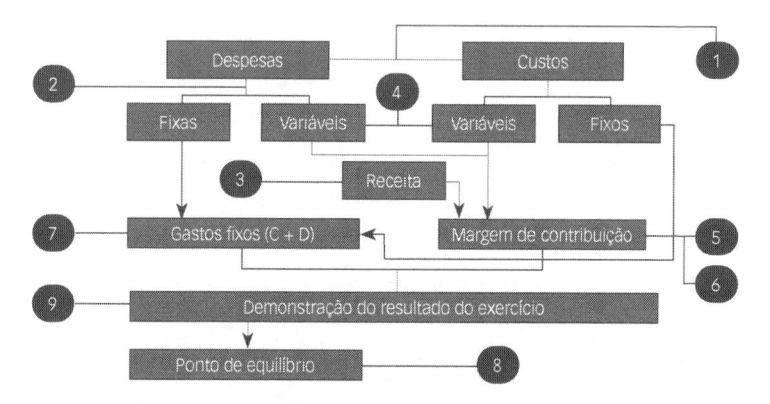

```
         ┌──── Despesas ────┐     ┌──── Custos ────┐  (1)
   (2)───┤                  │ (4) │                │
         ├─ Fixas ─ Variáveis ─── Variáveis ─ Fixos ┤
                            │     │
                        (3)─┴─ Receita ─┘
                            │     │
   (7)── Gastos fixos (C + D) ◄── Margem de contribuição ──(5)
                            │                              (6)
   (9)── Demonstração do resultado do exercício ──────────┘
                            │
                    Ponto de equilíbrio ──(8)
```

1. Separação dos custos e das despesas
2. Identificação dos custos e despesas fixos e dos custos e despesas variáveis
3. Cálculo da receita do período e do preço de venda
4. Identificação do custo variável e das despesas variáveis unitárias
5. Identificação da margem de contribuição unitária de cada produto
6. Identificação da margem de contribuição total do exercício
7. Identificação do "peso" da estrutura da empresa (custo fixos)
8. Apresentação do ponto de equilíbrio
9. Apresentação do resultado do exercício

É relevante observarmos que alguns custos e despesas podem não ser perfeitamente fixos ou variáveis, devendo essa definição ser constantemente reavaliada para que haja fidedignidade na aplicação do método direto.

Vale ressaltarmos ainda que o processo de aplicação do método direto é considerado um processo simplificado e interessante em razão da facilidade de estabelecer a classificação necessária à estrutura do método, que possibilita uma abordagem temporal comparativa independentemente das alterações de classificação. Diante do exposto, observe a seguir algumas das principais evidências do método de custeio direto:

» identifica as receitas, separadas por produtos;
» aponta os gastos variáveis por produtos, separando as operações dos produtos e serviços da estrutura da empresa;
» explicita a contribuição efetiva de cada tipo de produto no pagamento da estrutura da empresa (custos e despesas fixos);
» identifica o peso da estrutura da empresa em sua atividade principal;
» apresenta a margem de contribuição como fator informacional do estabelecimento do preço de venda;
» apresenta a contribuição unitária de cada tipo de produto e/ou serviço para o pagamento da estrutura da empresa;
» identifica os custos fixos específicos da empresa;
» identifica os custos fixos comuns a todos os produtos e/ou serviços da empresa;
» identifica a composição do lucro da empresa, em suas relações com produtos e/ou serviços e a estrutura da empresa;
» entre outras.

Por fim, cabe destacarmos que se trata de um importante método de gestão, voltado ao entendimento da empresa como um ator social de geração e desenvolvimento de valor, que possibilita operacionalizar separadamente a análise da contribuição de cada um dos produtos ou serviços da organização para o pagamento da estrutura fixa, além de possibilitar a observância da estrutura da empresa, em termos monetários e a responsabilidade da circulação dos bens e serviços, para o pagamento de sua própria estrutura.

1+1=?

Exercício resolvido

A empresa Verdão S.A. apresentou as seguintes informações gerenciais:

- » Preço de venda de seus produtos: R$ 113,00 un.
- » Custos variáveis: R$ 41,00 un.
- » Total de custos fixos: R$ 3.000,00
- » Quantidade de mercadorias vendidas no período: 100 unidades

Com base nas informações anteriormente demonstradas, qual é o ponto de equilíbrio da empresa?

Resposta:

$PE = 3.000,00/(113,00 - 41,00)$

$PE = 3.000,00/72,00$

$PE = $ *aproximadamente 42 unidades*

Síntese

Surgindo como uma interessante alternativa de gestão de custos sem as disfunções geradas pela utilização dos rateios, o método direto propõe uma classificação de claro entendimento e rápida implantação no contexto organizacional. Suas principais contribuições consistem na separação dos produtos e dos serviços da estrutura da empresa, percebendo suas efetivas contribuições na sobrevivência da entidade, e em uma criteriosa análise de viabilidade financeira dos produtos e serviços do *mix* ofertado. Nesse contexto, o ponto de equilíbrio revela-se uma ferramenta auxiliar de entendimento do período no qual a empresa apresenta seu momento de resultado nulo, que pode ser de extrema valia em estudos de fluxos e necessidades de caixa.

Questões para revisão

1) Quais são as principais contribuições do custeio direto?
2) Quais são as principais contribuições do custeio direto para a formação do preço de venda?

Para saber mais

Os profissionais, os pesquisadores e os estudantes que desejarem saber mais sobre o contexto geral do custeio direto de acordo com algumas abordagens específicas podem consultar os artigos indicados a seguir. O primeiro artigo traz uma discussão acerca da utilização do método direto com a mensuração do custo de capital e do custo de oportunidade, sob uma nova proposta de cálculo do ponto de equilíbrio. Já o segundo artigo discorre a respeito da utilização de métodos estatísticos, mais especificamente sobre uma regressão linear múltipla, como auxílio à identificação e à atualização dos custos fixos e variáveis nas empresas.

CRUZ, J. A. W. A consideração do custo de capital próprio na estrutura do custeio variável ou direto e na estrutura do ponto de equilíbrio. **Revista de Contabilidade do Mestrado em Ciências Contábeis da UERJ**, Rio de Janeiro, v. 11, n. 1, p. 9-20, jan/jun. 2006.

SOUZA, A.; CRUZ, J. A. W. Classificando custos fixos e variáveis por meio de métodos estatísticos. **Revista Mineira de Contabilidade**, Belo Horizonte, ano X, n. 34, p. 22-30, 2. trim. 2009.

capítulo 8

Abordagem comparativa dos métodos de custeio

Conteúdos do capítulo

» Comparação entre os métodos de custeio.
» Evidências do método por absorção.
» Evidências do método por atividade.
» Evidências do método direto.

Após o estudo deste capítulo, você será capaz de:

» identificar as principais diferenças dos métodos de custeio;
» identificar as principais contribuições de cada método de custeio;
» estabelecer uma relação crítica dos métodos de custeio.

Ao observarmos atentamente a diferença entre os principais métodos de custeio, entre eles os citados nesta obra (por absorção, por atividade e direto), podemos verificar uma série de características e funcionalidades distintas que possibilitam compreender as empresas sob vários focos de análise.

Tais diferenças podem ser identificadas por meio da comparação entre as principais evidências destacadas em cada um dos métodos, conforme apresentado a seguir.

Quadro 8.1 – Comparação entre os principais métodos de custeio

A B S O R Ç Ã O	Identifica o consumo de recursos das operações (custos) e da gestão da empresa (despesa).
	Identifica o custo de cada departamento da organização (centros de custos).
	Identifica o percentual dos custos da empresa que é alocado diretamente aos produtos e serviços (custos diretos).
	Identifica o percentual dos custos da empresa que não pode ser alocado diretamente aos produtos e serviços (custos indiretos) e, por esse motivo, deve ser distribuído (rateios).
	Identifica departamentos (centros de custos) que têm envolvimento direto com a operação (centros de custos produtivos) e quais não (centros de custos auxiliares).
	Mensura o custo unitário de cada produto e serviço.
	Mensura o custo do produto vendido.
	Demonstra a composição do lucro da empresa (demonstração do resultado do exercício).
	Possibilita estabelecer o orçamento de cada departamento para o próximo período (centros de custos).
A T I V I D A D E	Identifica o consumo de recursos das operações (custos) e da gestão da empresa (despesa).
	Identifica o custo de cada processo da empresa.
	Identifica o percentual dos custos da empresa que é alocado diretamente aos produtos e serviços (custos diretos).
	Identifica o percentual dos custos da empresa que não pode ser alocado diretamente aos produtos e serviços (custos indiretos) e, por esse motivo, devem ser distribuídos (rateios).
	Identifica as atividades da empresa que têm relação direta com os produtos ou serviços (atividades primárias) e quais atividades apresentam relação de apoio (atividades secundárias).
	Mensura o custo unitário de cada produto ou serviço.

(continua)

(Quadro 8.1 – conclusão)

	Identifica o custo do produto vendido.
	Identifica a composição do lucro da empresa (demonstração do resultado do exercício).
	Possibilita estabelecer o orçamento de cada processo ou atividade da empresa para o próximo período.
	Identifica as receitas separadas por produtos.
	Identifica os gastos variáveis por produtos, separando as operações dos produtos e serviços da estrutura da empresa.
	Identifica a contribuição efetiva de cada tipo de produto no pagamento da estrutura da empresa (custos e despesas fixos).
D	Identifica o peso da estrutura da empresa em sua atividade principal.
I	Apresenta a margem de contribuição como fator informacional do estabelecimento do preço de venda.
R	
E	
T	Apresenta a contribuição unitária de cada tipo de produto e serviço para o pagamento da estrutura da empresa.
O	
	Identifica os custos fixos específicos da empresa.
	Identifica os custos fixos comuns a todos os produtos e/ou serviços da empresa.
	Identifica a composição do lucro da empresa, em suas relações com os produtos e/ou serviços e a estrutura da empresa.

Por meio do entendimento das principais contribuições de cada método, podemos identificar várias relações diferenciadas, como a percepção do custo unitário ou da contribuição efetiva de cada produto ou serviço, entre outras. Ao observar essas evidências, o gestor deve se perguntar:

> Quais informações são necessárias para a gestão da empresa?

Essa questão pode ser respondida de várias maneiras, em razão das diferentes características de cada empresa e dos seus respectivos setores. O que deve ficar claro é que a necessidade de informações deve estar alinhada aos objetivos e estratégias da empresa, devendo-se, ainda, observar outra questão:

> Quanto custa cada informação?

A implantação e a manutenção dos métodos de custeio apresentam uma relação relevante para as empresas. Isso ocorre por causa da necessidade de constante de atualização dos critérios e das tecnologias de controle. Nesse caso, é necessário que o gestor da organização estabeleça uma relação critica para cada método, percebendo seus "frutos" e suas contribuições na efetiva gestão organizacional e seu respectivo custo, de acordo com a seguinte equação:

$$\text{Custo} < \text{Benefício} = \text{Implantação}$$
$$\text{Custo} > \text{Benefício} = \text{Não implantação}$$

Dessa forma, o alinhamento entre método, tecnologia, estrutura, objetivos e estratégia é de extrema importância na expectativa de geração permanente de agregação de valor estratégico à organização.

Pergunta & resposta

Quais reflexões são importantes para um gestor ao analisar o método que ele deve utilizar para estabelecer uma relação de geração permanente de agregação de valor estratégico à organização?

Diante de tal questão, vale observarmos que a criação permanente de agregação de valor estratégico à organização é uma expectativa audaciosa por parte dos gestores, que encaram essa necessidade como algo emergente em seu dia a dia. No entanto, o pleno cumprimento dessa expectativa é de extrema dificuldade, pois embora tenhamos uma vasta gama de dados, o alinhamento entre a forma de organizar e a implantação de um método de análise dinâmico que efetivamente gere novas combinações de dados e informações demanda que a expertise *analítica dos gestores se configure como um fator de decisão deliberada na* escolha dos métodos, que têm diferenças quanto às suas necessidades, aos seus investimentos e às suas contribuições.

!!!

Por fim, é importante ressaltarmos a necessidade da análise prévia das contribuições de cada método de custeio, percebendo suas diferenças, funcionalidades, investimentos e contribuições, lembrando que no Brasil o método por absorção é a base aceita para a estruturação das demonstrações contábeis.

Compreender a contribuição de cada método de custeio (por absorção, por atividade e direto) parece uma tarefa fácil quando se trata de uma análise efetiva no contexto organizacional. No entanto, essa compreensão se torna um desafio relevante porque cada método apresenta contribuições e necessidades de investimentos distintos, sugerindo a necessidade do conhecimento teórico em paralelo com a *expertise* dos tomadores de decisão. Nesse contexto, vale destacarmos a importância da pesquisa crítica e comparativa entre cada um dos métodos, observando as respectivas virtudes, contribuições, limitações, necessidades e investimentos.

1+1=💬

Exercício resolvido

Como reconhecer em que casos usar as informações do custeio por absorção, por atividade ou do custeio direto?

Resposta:

A utilização das formas de custeio parece ter relação direta com os objetivos de cada gestor e, consequentemente, com os objetivos de cada organização, haja vista o próprio processo de formação e utilização de mais de um método de custeio gerar novos custos para a organização.

No entanto, ao se perceber uma relação de custo-benefício favorável, seria prudente utilizar dois métodos em paralelo, possibilitando a extração da informação correta de cada um dos métodos.

O custeio por absorção, cuja estrutura utiliza custos diretos e indiretos, sendo necessária a efetivação de formas de rateio para alocação dos custos indiretos aos produtos, sugere uma abordagem de geração de informação voltada à gestão da linha de produção, uma vez que seu método separa os custos das despesas e possibilita a alocação dos custos a centros de custos específicos.

No caso do custeio por atividade, este tem como objetivo aprimorar a alocação dos custos indiretos aos produtos e serviços da organização, tendo como referência o mapeamento das atividades da empresa e a utilização destas como principal fator de alocação dos custos indiretos aos produtos, configurando-se como uma variação do método de custeio por absorção.

Já o método do custeio direto, cuja estrutura utiliza custos fixos e variáveis, em que os custos fixos não apresentam variação de acordo com a produção e os custos variáveis têm sua variação relacionada à quantidade produzida, sugere a não percepção de lucro no nível de produtos, sendo este percebido apenas no nível de unidade organizacional. A utilização efetiva desse método implica uma observação gerencial da contribuição efetiva de cada produto ou serviço no financiamento da estrutura da organização (custos e despesas fixos) e possibilita gerenciar em nível de produto a relação de preço de venda e custos, a relação de mix de produtos, entre outros.

Síntese

A apresentação comparativa desenvolvida neste capítulo nos possibilitou identificar as principais funcionalidades de cada método de custeio. O método por absorção é uma ferramenta interessante para mensuração dos custos por departamentos, por exemplo. O método por atividade possibilita a mensuração do custo de cada atividade da empresa e, embora pareça interessante, consiste em um método complexo e caro. Por fim, o método direto possibilita a identificação dos gastos da estrutura da empresa à parte dos gastos da atividade, entre outras evidências e particularidades.

Questões para revisão

1) Quais são as principais diferenças entre os métodos de custeio?
2) Quais são as classificações de custos utilizadas por cada um dos métodos de custeio?

Para saber mais

Os profissionais, os pesquisadores e os estudantes que desejarem saber mais sobre abordagens comparativas entre os métodos de custeio podem consultar o livro indicado a seguir. Trata-se de uma obra que aborda de forma didática a comparação entre os principais métodos de custeio, demonstrando suas características e aplicações em mercados específicos.

CREPALDI, S. A. **Contabilidade gerencial**. 3 ed. São Paulo: Atlas, 2004.

considerações finais

Em um sistema competitivo cada vez mais acirrado, torna-se necessário compreendermos com profundidade todas as ferramentas disponíveis para uma organização obter sucesso. Nesse sentido, as empresas gradativamente procuram aprimorar suas tecnologias e estruturas em busca da flexibilidade na gestão e na execução dos planos estratégicos.

Tal competição torna emergencial a busca deliberada por métodos de gestão que possibilitem à empresa "sair na frente" e estabelecer uma possibilidade de vantagem competitiva aparentemente "permanente".

Nesse contexto, a compreensão dos métodos de custeio e suas diferenças surgem como um efetivo diferencial no mercado, pois é comum a percepção da aplicação do método equivocado para objetivos organizacionais corretos, gerando a aplicação de vários recursos e tempo que não resultarão em um retorno informacional adequado.

Dessa forma, o alinhamento entre objetivo, estratégia e método de custeio adotado pela empresa deve se desenvolver plenamente, cumprindo o objetivo principal de uma estrutura de custos, que consiste efetivamente em gerar valor para a empresa, seja por meio da compreenção de seus procesos pelo método por absorção, seja pelo método por atividade ou por meio da otimização dos resultados pelo método direto ou variável.

Embora o desejo de alinhamento entre objetivos, estratégias e métodos seja aparentemente simples, sua percepção é de extrema complexidade. Isso ocorre em razão da falta de visão crítica por parte dos gestores, que devem questionar o objetivo da empresa, suas estratégias e, principalmente, se o método adotado corresponde à fonte de informação necessária para o objetivo pretendido: estabelecer controle dos processos e atividades; auferir o custo dos seus departamentos para geração de orçamentos; auferir o custo unitário dos produtos ou serviços; identificar o "peso" operacional e administrativo de forma distinta; perceber sua inflexibilidade por meio dos custos fixos em situações adversas ou sua flexibilidade estrutural por meio dos custos variáveis; perceber formas antigas de estabelecer contratos para gerar novas formas de contratação, pontos de equilíbrio contábil, econômico e financeiros, entre outros.

Por fim, enfatizamos que considerar a relação dos conhecimentos em custos alinhados aos conhecimentos de estratégia possibilita aos gestores obter uma ferramenta efetiva de gestão empresarial.

referências

BRASIL. Lei n. 6.040, de 15 de dezembro de 1976. **Diário Oficial da União**, Brasília, DF, 17 dez. 1976. Disponível em: <https://www.planalto.gov.br/ccivil_03/Leis/L6404consol.htm>. Acesso em: 8 jul. 2010.

BRASIL. Lei n. 11.638, de 28 de dezembro de 2007. **Diário Oficial da União**, Poder Legislativo, Brasília, DF, 28 dez. 2007. Disponível em: <http://www.planalto.gov.br/ccivil_/Ato2007-2010/2007/Lei/L11638.htm>. Acesso em: 08 jul. 2010.

BRASIL. Lei n. 11.941, de 27 de maio de 2009. **Diário Oficial da União**, Poder Legislativo, Brasília, DF, 28 maio 2009. Disponível em: <http://www.planalto.gov.br/ccivil_03/_Ato2007-2010/2009/Lei/L11941.htm>. Acesso em: 08 jul. 2010.

BRIMSON, J. A. **Contabilidade por atividade**: uma abordagem de custeio baseado em atividades. São Paulo: Atlas, 1996.

BRUNI, A. L.; FAMÁ, R. **Gestão de custos e formação de preços**: com aplicação na calculadora HP 12C e Excel. 3. ed. São Paulo: Atlas, 2004.

COGAN, S. **Activity based costing (ABC)**: a poderosa estratégia empresarial. São Paulo: Pioneira, 1994.

CREPALDI, S. A. Contabilidade gerencial. 3. ed. São Paulo: Atlas, 2004.

CRUZ, J. A. W. A consideração do custo de capital próprio na estrutura do custeio variável ou direto e na estrutura do ponto de equilíbrio. Revista de Contabilidade do Mestrado em Ciências Contábeis da UERJ, Rio de Janeiro, v. 11, n. 1, p. 9-20, jan./jun. 2006.

CRUZ, J. A. W.; ANDRICH, E. G.; MUGNAINI, A. Análise de demonstrações financeiras: teorias e práticas. 5. ed. Curitiba: Juruá, 2021.

CRUZ, J. A. W.; ANDRICH, E. G.; SCHIER, C. U. da C. Contabilidade introdutória descomplicada. 7. ed. Curitiba: Juruá, 2021.

CRUZ, J. A. W. et al. Custo de capital e de oportunidade na estrutura do custeio direto: uma abordagem empírica, Cadernos da Escola de Negócios, n. 6, 2008. Disponível em: <http://apps.unibrasil.com.br/revista/index.php/negociosonline/article/view/191>. Acesso em: 20 dez. 2009.

ELDENBURG, L. G; WOLCOTT, S. K. Gestão de custos: como medir, monitorar e motivar o desempenho. Rio de Janeiro: LTC, 2007.

GOLDRAT, E. M. A síndrome do palheiro. São Paulo: Educator, 1992.

GUINDANI, R. A.; MARTINS, T. S.; CRUZ, J. A. W. Finanças pessoais. Curitiba: Ibpex, 2009.

GUNTHER, M. Os axiomas de Zurique. 22. ed. Rio de Janeiro: Record, 2005.

JOHNSON, G.; SCHOLES, K.; WHITTINGTON, R. Explorando a estratégia corporativa: textos e casos. 7. ed. São Paulo: Bookman, 2007.

LEONE, G. G. Custos: planejamento, implantação e controle. 2. ed. São Paulo: Atlas, 2000.

MARTINS, E. Contabilidade de custos. 7. ed. São Paulo: Atlas, 2000.

MARTINS, T. S.; CRUZ, J. A. W.; GUINDANI, R. A. Teoria da firma: uma abordagem tradicional e emergente. Informe Econômico: publicação do Curso de Ciências Econômicas da UFPI, ano 10, n. 20, p. 32-40, jul./ago. 2009. Disponível em: <http://www.ufpi.br/cchl/uploads/arquivos/geral/julhoagosto2009.pdf>. Acesso em: 11 dez. 2009.

MASKELL, B. H. Lean Accouting & Activity-Based Costing. Disponível em: <http://www.maskell.com/lean_accounting/subpages/lean_accounting/industry_la_and_abc.html>. Acesso em: 15 jun. 2010.

MINTZBERG, H.; AHLSTRAND, B.; LAMPEL, J. Safári de estratégia. São Paulo: Bookman, 2000.

NAKAGAWA, M. ABC: custeio baseado em atividades. São Paulo: Atlas, 1994.

NEVES, S. das; VICECONTI, P. E. V. Contabilidade de custos: um enfoque direto e objetivo. 7. ed. São Paulo: Frase, 2003.

PADOVEZE, C. L. Contabilidade gerencial. 4. ed. São Paulo: Atlas, 2004.

PEREZ JUNIOR, J. H.; OLIVEIRA, L. M.; COSTA, R. G. Gestão estratégica de custos. 5. ed. São Paulo: Atlas, 2006.

PORTER, M. E. Estratégia competitiva: técnicas para análise de indústrias e da concorrência. 2. ed. São Paulo: Campus, 2004.

SCHIER, C. U. da C. Gestão prática de custos. Curitiba: Juruá, 2007.

SOUZA, A.; CLEMENTE, A. Decisões financeiras e análise de investimentos. 3. ed. São Paulo: Atlas, 2008.

SOUZA, A.; CLEMENTE, A. Gestão de custos: aplicações operacionais e estratégicas. São Paulo: Atlas, 2007.

SOUZA, A.; CRUZ, J. A. W. Classificando custos fixos e variáveis por meio de métodos estatísticos. Revista Mineira de Contabilidade, Belo Horizonte, ano X, n. 34, p. 22-30, 3. trim. 2009.

VANDERBECK, E.; NAGY, C. Contabilidade de custos. 11. ed. São Paulo: Thomson Pioneira, 2003.

WERNKE, R. Gestão de custos: uma abordagem prática. São Paulo: Atlas, 2001.

WHITTINGTON, R. O que é estratégia. São Paulo: Thomson, 2006.

respostas

Capítulo 1

1) A contabilidade, estabelecida como ciência da informação, tem como objetivo social a transparência dos atos e dos fatos de gestão das entidades (pessoas jurídicas) perante seus *stakeholders*, tratando as empresas como atores sociais ativos, cujo desempenho deve interessar aos clientes, aos concorrentes, aos fornecedores, aos governos, aos bancos, entre outros colaboradores.

2) Assim como a maioria dos controles sociais, a contabilidade teve seu início em território nacional a partir da chegada da Família Real, tendo sua primeira escola registrada em 1869, no Rio de Janeiro.

Como profissão, a contabilidade teve seus primeiros diplomas expedidos pela Academia do Comércio do Rio de Janeiro e pela Escola Prática de Comércio de São Paulo, sendo reconhecidos apenas em 1946, por meio do Decreto-Lei nº 9.295. Desde então, entidades, conselhos e associações têm promovido o desenvolvimento da profissão por meio de congressos e seminários que mantêm os aspectos legais e regulatórios de acordo com a dinâmica social estabelecida.

Capítulo 2

1) Entre as principais abordagens de estratégia observadas, destaca-se a classificação apresentada por Whittington, que pressupõe quatro abordagens distintas: clássica, processual, evolucionária e sistêmica.

» A abordagem clássica trata a estratégia como um processo de base racional de cálculos e análises deliberadas, que apresentam como principal objetivo a maximização das vantagens em longo prazo da entidade.

» A abordagem evolucionária observa a maximização do lucro como o resultado natural do desenvolvimento da estratégia.

» A abordagem processualista tem uma visão pluralista de desempenho e resultado, percebendo possíveis resultados além da mensuração do lucro e observando a estratégia como algo que pode ser emergente, oriundo de processos governados por acasos.

» A abordagem sistêmica apresenta uma relação pluralista de resultado, tendo uma visão deliberada em seus processos.

2) A gestão estratégica de custos oferece uma série de contribuições para a gestão das organizações por meio de seus diferenciados métodos de mensuração, controle e gestão. Ela possibilita determinar bases de valoração dos estoques, uma base de contribuição para formação do preço de venda dos produtos ou serviços, identificar gastos de cada atividade ou departamento, entre outras várias informações necessárias à boa tomada de decisões nas empresas.

Vale ressaltarmos que a base de estratégia estabelecida para os métodos de custos supõe a geração e o desenvolvimento de valor em médio e longo prazos.

Capítulo 3

1) Uma empresa pode auferir três tipos de gastos: custos, despesas e investimentos. Sua separação é importante para a identificação do tipo de aplicação de recurso que a empresa está realizando, o que possibilita o entendimento do passado como ferramenta efetiva dos planos de eventos futuros.

2) O método direto utiliza como forma de apuração de resultado a mensuração dos custos e das despesas que são classificados em suas relações fixas, variáveis e híbridas. Vale ressaltarmos que, na execução da classificação dos gastos fixos ou variáveis, deve-se levar em conta sua predominância, pois, eventualmente, pode se tornar difícil a clara distinção entre as características fixas e variáveis dos gastos. Já os métodos por absorção e por atividade (ABC) utilizam os custos e as despesas como forma de apresentação do resultado. No entanto, diferentemente do método direto, nesse caso as despesas devem ser separadas dos custos, que são classificados em diretos e indiretos.

Capítulo 4

1) Entre os principais métodos de custeio, alguns se destacam: método de custeio por absorção, método de custeio por atividade (ou método ABC) e o método de custeio direto.

2) Entre as questões que devem ser levantadas a respeito do método a ser utilizado, algumas são mais relevantes e tratam da definição do objetivo da empresa em mensurar seus custos. Após a delimitação desse objetivo, apresenta-se uma nova questão, que trata da escolha do melhor método de custeio para alcançar esse objetivo.

1) Diante da complexa sequência de etapas necessárias ao método por absorção, a *expertise* do gestor se torna um fator diferencial em duas etapas:
   » a primeira corresponde à classificação correta dos custos em suas características diretas e indiretas;
   » a segunda etapa corresponde ao pleno entendimento dos processos, da estrutura, dos produtos/serviços e dos contratos da empresa, com o objetivo de estabelecer e determinar critérios de rateio que tornem possível a "justa" distribuição dos custos indiretos entre os produtos ou serviços.

2) Entre as principais evidências do método por absorção, destacam-se, entre outras:
   » identificação do consumo de recursos das operações (custos) e da gestão da empresa (despesa) por meio da separação entre custos e despesas;
   » identificação do custo de cada departamento da empresa por meio dos centros de custos;
   » identificação de quais departamentos (centros de custos) apresentam envolvimento direto com a operação (centros de custos produtivos) e quais não (centros de custos auxiliares);
   » identificação do custo unitário de cada produto ou serviço.

Capítulo 6

1) Um dos principais fatores de insucesso ou de investimento do método por atividade é a necessidade do mapeamento pleno e constante das atividades da empresa. Isso se torna necessário por causa da dependência da alocação dos custos indiretos aos processos e às atividades, que devem se apresentar de forma clara, objetiva e, principalmente, atualizada.

2) Entre as principais evidências do método de custeio por atividade, destacam-se, entre outras:
» identificação do consumo de recursos das operações (custos) e da gestão da empresa (despesa);
» identificação do custo de cada processo da empresa;
» identificação do percentual dos custos da empresa que é alocado diretamente aos produtos e serviços (custos diretos);
» identificação das atividades da empresa que apresentam relação direta com os produtos ou serviços (atividades primárias) e quais atividades apresentam relação de apoio (atividades secundárias);
» identificação do custo unitário de cada produto ou serviço.

Capítulo 7

1) Entre as principais contribuições do método de custeio direto ou variável, destacam-se, entre outras:
» identificação das receitas e dos gastos variáveis por produtos, separando as operações dos produtos e serviços da estrutura da empresa;
» identificação da contribuição efetiva de cada tipo de produto no pagamento da estrutura da empresa (custos e despesas fixos);
» apresentação da margem de contribuição como fator de decisão do estabelecimento do preço de venda.

2) A formação do preço de venda submete-se ao entendimento de três grandes perspectivas: a primeira corresponde à análise da capacidade de pagamento dos clientes potenciais dos produtos ou serviços; a segunda corresponde à avaliação dos preços praticados pela concorrência; a terceira corresponde à análise da estrutura de custos. Nessa terceira perspectiva (custos), destacamos o método direto como ferramenta de análise,

que possibilita a identificação e o exame da contribuição de cada produto ou serviço para o pagamento da estrutura da empresa. Vale ressaltarmos que tal análise deve apresentar-se alinhada aos objetivos e estratégias da empresa.

Capítulo 8

1) As diferenças entre os métodos de custeio podem ser separadas em três características principais: a primeira tem relação com seus esquemas lógicos, que apresentam a estrutura geral de cada método. Quanto a esse aspecto, o custeio por absorção revela-se muito semelhante ao custeio por atividade, porque ambas as estruturas utilizam as tipologias de custos diretos, indiretos e despesas e o rateio como principal forma de estabelecimento de alocação dos custos indiretos aos produtos ou serviços, tendo como diferença a forma operacional. Em relação a este último aspecto, o método por absorção utiliza os centros de custos como forma de relação dos gastos indiretos com o processo, e o método por atividade utiliza o mapeamento das atividades como forma de relação dos gastos indiretos com o processo. Já no método direto, o esquema lógico sugere a utilização de gastos fixos e variáveis, não demonstrando a necessidade de operacionalização de rateios para a alocação dos gastos aos produtos e/ou serviços. A segunda característica diferencial tem relação com as contribuições de cada processo, que oferecem formas diferentes de informações. No custeio por absorção, assim como no custeio por atividade, é possível identificar o custo unitário dos produtos ou serviços. A terceira característica diferencial tem a ver com o investimento de implantação, sendo o custeio por atividade em geral considerado o método mais caro de implantação em razão da constante necessidade de mapeamento de processos e atividades.

2) Cada método de custeio tem sua respectiva classificação de custos, e essa classificação é um fator determinante para a aplicação e a funcionalidade de cada método. Assim, os métodos utilizam a seguinte classificação:

a) método por absorção: despesas, custos diretos e custos indiretos;

b) método por atividade: despesas, custos diretos e custos indiretos;

c) método direto: custos e despesas fixos, custos e despesas variáveis e custos e despesas híbridos.

sobre o autor

June Alisson Westarb Cruz *é conselheiro de administração certificado pelo Instituto Brasileiro de Governança Corporativa, com pós doutorado em administração pela FGV EASP, doutorado e mestrado em Administração Estratégica pela Pontifícia Universidade Católica do Paraná, especialização em Contabilidade e Finanças pela Universidade Federal do Paraná, graduação em Ciências Contábeis pelo FAE Business School. Tem formação em Conselho de Administração pela Columbia University, IBGC e Fundação Dom Cabral, em inovação e criatividade pela Techion em Israel, além de outras formações complementares. Atualmente, é CEO do Marista Brasil e Conselheiro de Administração em empresas de serviços. É autor de 13 livros na área de gestão.*

Impressão: Janeiro/2025